AF366019

ITOSU-HA

EL CAMINO DEL KARATE TRADICIONAL

ExLibric

LUIS MARTÍN RUIZ

ITOSU-HA

EL CAMINO DEL KARATE TRADICIONAL

EXLIBRIC

ANTEQUERA 2022

ITOSU-HA. EL CAMINO DEL KARATE TRADICIONAL
© Luis Martín Ruiz
Diseño de portada: Dpto. de Diseño Gráfico Exlibric

Iª edición

© ExLibric, 2022.

Editado por: ExLibric
c/ Cueva de Viera, 2, Local 3
Centro Negocios CADI
29200 Antequera (Málaga)
Teléfono: 952 70 60 04
Fax: 952 84 55 03
Correo electrónico: exlibric@exlibric.com
Internet: www.exlibric.com

ISBN: 978-84-19269-71-3
Depósito Legal: MA 1017-2022

Nota de la editorial: ExLibric pertenece a Innovación y Cualificación S. L.

LUIS MARTÍN RUIZ

ITOSU-HA

EL CAMINO DEL KARATE

TRADICIONAL

Asociación Española Karate Jutsu

Honbu Dojo Torcal, Antequera

Autor y colaborador

LUIS MARTÍN RUIZ

Preparador físico.
8.º dan Itosu-ha,
karate tradicional
Presidente de la
Asociación Española
Karate Jutsu

LUIS MARTÍN PORTILLO

5.º dan Itosu-ha,
karate tradicional.
Secretario de la
Asociación Española
Karate Jutsu

Este libro es un tratado sobre la disciplina marcial del karate tradicional, lo que pienso sobre sus leyendas, sus invenciones y sobre los errores que han ido cometiendo a través de décadas personajes poco serios que han hecho que el karate se haya fragmentado en dos vertientes, karate tradicional y «karate deportivo».

Al mismo tiempo, persigue señalar, denunciar y desmontar con argumentaciones esos errores, suposiciones y leyendas sobre el karate.

Por otro lado, el propósito fundamental de esta obra es dar a conocer el estilo y el trabajo del karate Itosu-ha, el cual practico y procuro que perpetúe todos los principios del karate tradicional.

Origen

El origen del karate permanece impenetrablemente escondido en las brumas de la leyenda, y todo lo que sabemos es que su nacimiento y práctica más extendida se sitúa en el Asia oriental, entre las gentes que confesaban una amplia variedad de credos: mahometanos, hinduistas, brahmanistas y taoístas.

Gichin Funakoshi

Por lo demás, todo son leyendas, fantasías e inventos. Y todo aquel que quiera afirmar, asegurar o dogmatizar algo relacionado con el karate de aquellos remotos años estará mintiendo, falseando y engañando.

Luis Martín Ruiz

Prólogo

Luis Martín Portillo, 5.º dan

Asociación Española Karate Jutsu Honbu Dojo Torcal,
Antequera

Nuestro inicio en el mundo del karate

En 1974, Luis Martín Ruiz (mi padre) entró en un dojo de karate situado en la calle Beatas de Málaga, atraído de manera curiosa por esa nueva actividad que irrumpía con gran fuerza en Málaga. Ya dentro del local, acompañado por su hijo Luis Martín Portillo (el que rubrica), de cinco años de edad, observó que había una clase infantil y le preguntó si quería comenzar a dar clases con los demás chicos y chicas. Su hijo dijo que sí, y Luis padre comenzó a llevarlo por las tardes a aquel dojo. Mientras esperaba que terminara la clase de su hijo, pensó que por qué no hacía él lo mismo y se quedaba a la siguiente clase, que era la de adultos. Al mes siguiente los dos, padre e hijo, estaban recibiendo clases de karate en aquel centro de karate Goju-ryu de calle Beatas.

A los pocos meses, Luis Martín Ruiz observó que el profesor de ese dojo se ausentaba con demasiada frecuencia dejando en esas ocasiones a cinturones elevados a cargo de las clases, por lo que enterado de que un senséi japonés había comenzado con un nuevo dojo en la ciudad, decidió empezar a entrenar con él y se inscribieron en las clases de ese japonés.

Desde 1974 hasta 1982, comenzamos a entrenar con senséi Akihiro Mieno del estilo Itosu-kai, en calle San Juan Bosco y, poco tiempo más tarde, en calle Federico Chueca. Eran clases duras, tanto para adultos como para niños, pero Akihiro era una persona amable, simpática y que se adaptó muy bien a nuestra cultura. Para los que iniciamos nuestra andadura en este mundillo siempre será una referencia y un modelo a imitar, un gran maestro.

A partir de 1982, Akihiro Mieno como senséi y Luis Martín Ruiz como sempái comienzan a impartir clases en la localidad de Antequera (Málaga). Akihiro Mieno, ante la imposibilidad de atender su dojo y desplazarse, deja a Luis, y se crea la Escuela Municipal de Karate de Antequera, donde se llegan a tener hasta 180 alumnos. Al mismo tiempo, Luis Martín Ruiz comienza a promocionar su estilo por toda la comarca de Antequera y también en toda la provincia y algunos otros puntos de nuestra comunidad autónoma, llegando a un total de 437 alumnos.

En 2004 afronta el proyecto de gimnasio propio y funda el Gimnasio Torcal, desplazando el local hasta la actual ubicación, en calle San Pedro de Antequera, y representando con su dojo el sitio de referencia en España de su estilo, uniéndose y pasando a ser miembro de la Japan Karate-do Itosu-kai.

Con su hijo menor, David Martín, comienza toda esa andadura en el Gimnasio Torcal, donde ambos siguen con la práctica y enseñanza del karate. Al mismo tiempo, su hijo mayor, Luis, sigue desarrollando las mismas labores que su padre en distintas localidades de la provincia.

Desde 2017 hasta septiembre de 2021, Gimnasio Torcal de calle San Pedro de Antequera, además de seguir siendo el dojo central de Itosu-kai en España, también tiene a Luis Martín Ruiz como delegado y representante de este estilo en nuestro país.

Debido a una serie de irregularidades y una conducta muy poco ética y deshonrosa por parte de esta asociación japonesa de karate, que no vamos a relatar aquí porque no es el sitio ni viene al caso, a partir de septiembre de 2021 iniciamos una nueva etapa, implicados y partícipes de la disciplina del karate tradicional y responsabilizados con nuestro propio destino. Abandonamos Itosu-kai y seguimos una línea propia mucho más cercana a la doctrina del maestro Anko Itosu, doctrina que no cumple dicha asociación.

Nuestro trabajo

En esa fecha de 2021, formalizamos a través del Ministerio del Interior nuestra asociación con el epígrafe de Asociación Española Karate Jutsu, título que distingue e indica el método de los katas y técnicas genuinas del maestro Anko Itosu. Aparte de esto, hemos expandido, incrementado y modernizado considerablemente nuestro Honbu Dojo de calle San Pedro de Antequera, siempre intentando continuar una línea tradicional okinawense.

Hemos incorporado utensilios propios del trabajo en los dojos de Okinawa, tales como sacos, *chishi, nigiri game, kongoken, makiwara* y otros.

Junto a otras tres asociaciones de distintas disciplinas marciales, proyectamos la formación y aprobación de la Federación Española Nihon Budo. Una vez aprobados los estatutos de nuestra emergente federación, ampliaremos nuestro trabajo junto con las otras asociaciones fundadoras.

Como hemos manifestado anteriormente, en nuestra asociación, además de adiestrar a nuestros alumnos en las técnicas y katas originales del maestro Itosu, queremos basar nuestros entrenamientos en el trabajo riguroso y tradicional okinawense, propio del maestro Itosu.

Trabajamos veintitrés katas, todas ellas genuinas, creadas y forjadas a través de los años por el maestro Itosu, por lo tanto no queremos desviarnos lo más mínimo, siempre dentro de la disciplina marcial del karate, hacia nada que no sea auténtico del maestro Anko Itosu y el karate okinawense.

Nuestro trabajo está encaminado exclusivamente a la práctica de la defensa personal y al aprendizaje de métodos de lucha cuerpo a cuerpo, tocando todas las materias, por supuesto, para perfeccionar estos métodos de combate. Descartamos la competición porque consideramos que el karate no prorrumpió como un deporte. Estimamos que la competición degenera la pureza del karate tradicional, aunque respetamos a todo aquel que la practique como una evolución deportiva, pero que no reconocerá la verdadera esencia del cometido del karate dentro de la competición.

Organizamos habitualmente entrenamientos propios y especiales con los cinturones más elevados los fines de semana, dedicados a trabajos específicos, técnicas de *kaisho* (manos abiertas) de ataque y defensa, técnicas dirigidas a puntos vitales *(kyusho)*, etc.

Asistimos y organizamos cursos y seminarios a través de la Federación Española de Nihon Budo en varias fechas al año, donde se trabajan varias disciplinas: kobudo, karate, *ju-jutsu, nin-jutsu.*

Periódicamente, invitamos a profesores reconocidos para que compartan y nos muestren sus experiencias y sus vivencias en el trabajo marcial que practiquen.

Tenemos nuestro propio sistema de exámenes, muy definidos y prácticos, fuera de los protocolos exagerados, con el que buscamos acercarnos lo más posible a la realidad de aquellos objetivos para los que nació esta disciplina.

Desde aquí invitamos a todas aquellas asociaciones, dojos y karatecas que trabajen o quieran trabajar un karate tradicional a unirse a nosotros y dedicarse a entrenar un karate práctico y duro, pero atractivo.

Desde el más sincero y verdadero compañerismo, la Asociación Española Karate Jutsu está abierta para albergar nuevos dojos, alumnos, senséis y demás practicantes como asociados y compartir nuestra experiencia con todos ellos, así como recibir de forma humilde todo el conocimiento que nos puedan aportar para ser un grupo de personas unido por el aprendizaje, el conocimiento y la perfección en la práctica del karate tradicional.

Perpetuar las enseñanzas del maestro Itosu ha sido posible gracias a la transmisión algo diluida a través del tiempo, por toda una línea de grandes senséis hasta llegar a nuestros días. Nuestro estilo era Itosu-kai y nuestro senséi fue Akihiro Mieno, «instructor» en España de dicho estilo. No obstante, si nos remontamos al inicio, hay algo que después de más de cuarenta años practicando este especial arte marcial me ha mantenido algo especulativo sobre esta herencia de conocimientos, y es que el gran maestro Yasutsune Anko Itosu nos enseñó una serie de katas a practicar y trabajar, y con el paso de los años y del tiempo han ido creciendo en número hasta llegar a los sesenta katas, y no sabemos cómo ni por qué, ni quién las fue incorporando.

Anko Itosu creó los Pinan como trabajo inicial de katas y un total de dieciocho katas más, entre los que se encuentran Naifanshin, Rohai, Bassai, etc., todos ellos integrados en la gran mayoría de los estilos del karate actual. Todos estos basados en el antiguo método Shuri-te ('mano de Shuri', actualmente distrito de la prefectura de Naha).

En ocasiones, en tiempos de ocultismo del karate, existían senséis que, al parecer, solo conocían y practicaban un solo kata durante toda su vida, desarrollando diferentes usanzas y trabajos con este kata. Cualquier senséi que tenga experiencia sabe lo que implica la realización, el desarrollo y la comprensión de un kata y el trabajo y la práctica que ello conlleva. Es por ello que pensamos que practicar, trabajar y desarrollar toda la comprensión que sesenta katas diferentes implican es un quehacer casi imposible, bajo mi humilde razonamiento. Tendríamos que dedicar horas y horas todos los días haciendo y estudiando hasta «poder dominarlos» de manera efectiva. Así pues, hemos reducido estos a la línea de Itosu-ha (Shuri-te) y volvemos a lo primitivo, a lo básico, a lo que todos tenemos en común; aun así, los cinco Pinan y dieciocho katas superiores representan un gran trabajo, sobre todo para cualquier alumno que acostumbra entrenar entre tres y cinco horas semanales. Hay que adaptar todo ese conocimiento a nuestro tiempo. Queremos hacer esta reducción de trabajo con katas para poder practicar más intensamente tanto las formas como los bunkais, y que nuestros alumnos tengan una respuesta ante una pregunta de aplicación de algún kata de Itosu-ha, además de reforzar el trabajo físico que tanto parece ser que, según todos los sondeos, entrenaba y perseveraba el maestro Itosu.

Luis Martín Portillo

Y sigo…

Siempre me han gustado las estadísticas y las proporciones, aunque no he sido buen estudiante de matemáticas. ¿Qué posibilidades tendríamos de sobrevivir a una agresión de alguien que quiere matarnos por encima de todo? Bien, ¿y si para repeler esa agresión entrenáramos una situación de lucha con otro compañero a un 40 % de la fuerza total a la que pudiéramos hacerlo? ¿Y si además de todo eso entrenáramos tres horas a la semana? ¿Y si el entrenamiento no fuera enfocado al combate puro y duro? Estas y muchas otras preguntas me hacen dudar de las posibilidades de sobrevivir a un enfrentamiento donde la vida peligre, a no ser que se tenga una gran experiencia en combate.

Desde hace mucho tiempo siempre le digo a mis compañeros y alumnos que en el dojo se aprenden conocimientos para la autodefensa y que se intentan perfeccionar con algunas horas de entrenamiento. Pero hay otros muchos factores, como el nivel de la actividad (horas, dureza, etc.), el conocimiento del contacto (defensas, recepción de golpes, etc.), el entorno del encuentro, el momento, la forma de ser, la educación, etc.

Si incluso nos vamos a alguno de los más famosos y duros combates que existen hoy día, como son las peleas callejeras que proliferan por algunas ciudades de todo el mundo, con los puños desnudos, vemos que siguen existiendo reglas, reglas que no existirían en una lucha a muerte, donde todo vale con tal de sobrevivir y no se pararía hasta matar al contrario, que sería la finalidad en una guerra, la finalidad de un arte marcial (arte para la guerra).

Por lo que también hago siempre hincapié en que somos, como mucho, luchadores, no guerreros, como muchos maestros quieren inculcarnos rememorando el origen épico del karate. Luchadores que luchan por deporte, por preparación, por *hobby*, por sufrir una agresión o un robo y tal vez en algún caso por salvar la vida, pero hay que entender que no estamos entrenados para afrontar una batalla, y mucho menos una guerra.

Dicho todo esto, reconozco que últimamente dudo de muchas cosas dentro del mundo del karate. La división de estilos, el origen, la efectividad de todo lo que se aprende en los katas, la filosofía del Do… La lucha ha evolucionado desde su origen hasta nuestros días y si en el kung-fu se admiraba la fisionomía de algunos animales a la hora de atacar o zafarse de alguna agresión de otro y los estudiosos de esto aplicaban esas técnicas al combate entre personas, hoy en día nos fijamos estrictamente, debido a los avances técnicos y de mejora corporal, en lo más aprovechable y letal de un ataque y lo más funcional en una defensa.

No quiero desacreditar todo lo estudiado y aprendido por generaciones anteriores de luchadores, pero tenemos que ser abiertos de mente respecto a la defensa de nuestra integridad. Con nuestra manera (Itosu-ha), nos hemos centrado en los katas del maestro Itosu, no porque nos parezca que otros katas de sus discípulos no sean aprovechables, sino por el mero hecho de intensificar nuestros entrenamientos en un programa más real respecto al tiempo de entrenamiento en los dojos hoy día. Buscamos la efectividad real de todas las combinaciones, llevándolas con un estudio precedente a la defensa y el término más efectivo. Por lo que veintitrés katas —cinco Pinan para cinturones de color y dieciocho para danes— son más que suficientes para toda una vida de karate, con tres o cuatro horas semanales, sabiendo que la inmensa mayoría de personas que acuden a un dojo no va a entrenar más horas a la semana —pocos pueden hacerlo—.

A todo esto uniremos que dedicamos parte de nuestro tiempo de entrenamiento a la condición física y al conocimiento de ejercicios básicos de otros estilos y artes marciales que puedan aportar más seguridad a la defensa integral en la lucha. No se puede ser cerrado de mente y pensar que lo que uno hace es lo mejor del mundo, más cuando existen opciones nuevas que han surgido como evolución de sistemas de lucha antiguos, perfeccionando o sustrayendo de ellos lo mejor para aplicar después.

Respecto a la filosofía de Itosu-ha en el entrenamiento, queremos desvincularnos un poco del «do» y configurarnos más como practicantes de la filosofía «jutsu», ya que pensamos que en la sociedad actual es complicado someterse a toda la doctrina completa del Do. No quiere decir esto que no haya respeto entre alumnos y profesores, por ejemplo, pero nos dedicamos solamente a enseñar técnicas de lucha. Como bien se dice, «de puertas para adentro» nadie conoce a nadie. Nos interesa que los karatecas aprendan a luchar de manera eficiente y que sus resultados sean óptimos, y que en el dojo tengan un comportamiento social normal con los demás. Rechazamos titulitis, poseedores de la verdad, sumisión al grado o al estilo y cosas como estas. Y sí, sé que después de todo esto alguien pensará: «¿Y de la competición qué?». Pues como reclamo para el mundo del karate en las películas o series, bien. Como reflejo de lo que es el karate y su finalidad, no tiene nada que ver, además de sacrificar muchos aspectos y entrenamientos variados que se pierden con la práctica deportiva. ¿Mejor hacer karate deportivo que no hacer nada de artes marciales? Por supuesto. ¿Mejor hacer karate deportivo que karate tradicional? Uno es un deporte de competición y el otro es un entrenamiento para la lucha real, un arte marcial, castrense.

Como dije al principio, en ocasiones ya dudo de todo. Ni siquiera veo clara la idoneidad de entrenar katas, no encuentro aplicaciones efectivas en muchas de sus técnicas, o al menos no en todas las situaciones que nos podemos encontrar. ¿Por qué los luchadores actuales dedican gran parte de su entrenamiento a pelear con *sparrings*, golpear sacos y escudos y desarrollar su fuerza en gimnasios? También entiendo que estos últimos son competidores y su entrenamiento es más profesional, pero ¿qué eran los antiguos practicantes okinawenses sino profesionales de la lucha? No sé cuántas horas diarias entrenaban, me gustaría que si alguien tiene información de libros o documentos me orientara, pero ya entonces desarrollaban sus cuerpos para el combate con útiles como los de Hojo Undo. Del tiempo de entreno no sé cuánto dedicaban a katas, técnicas de kihon, kumite, etc.

En definitiva, todo es susceptible de interpretación. Hay mucha filosofía, mucha historia, mucha película en ocasiones (que me perdonen los puristas), pero las aventuras de batallas son parecidas a lo largo de la historia y el tiempo, aunque las culturas sean diferentes. El narrador enaltece al héroe exagerando sus logros, y la cultura okinawense con sus maestros no se libra. En el caso cercano de los españoles, recuerdo como ejemplo un relato de Rodrigo Díaz de Vivar (el Cid) donde explicaba cómo de un mandoble partía en dos a un jinete musulmán y a su caballo. En los libros de antiguos maestros okinawenses ocurría parte de lo mismo, eran casi superhéroes con aptitudes increíbles, fuera de lo humano. Lo curioso es que algunos maestros actuales creen a pie juntillas en todo esto, y bajo mi punto de vista humilde y sencillo no se puede uno creer todo lo que escucha. Por supuesto, creo en lo útil que ha trascendido a lo largo del tiempo, creo en la efectividad de un *zuki* directo a la cara, en un *gedan uke* ante un *mawashi chudan geri* o en la rapidez y eficacia de un *kin geri*. Así que observemos y estudiemos qué es lo que puede hacernos mejores luchadores y qué es lo que se puede mantener como tradición, pero no es tan útil como pensábamos.

Para terminar, y creándome seguramente un sinfín de detractores, cada vez pienso más en la utilidad de combatir con muchos y diferentes adversarios y observar sus comportamientos, más que en los beneficios del entrenamiento de kata. Aprender de tus errores ante otro, aprender del contacto de sus golpes, direccionar de forma funcional nuestros ataques, mantener distancias y otros aspectos, por mucho que no lo queramos aceptar, se entienden bien solamente con el enfrentamiento real cuerpo a cuerpo. Por supuesto, entrenando al mismo tiempo nuestro físico para endurecerlo y fortalecerlo. Al final podríamos enlazar con el principio de este prólogo y, lamentándome, decir que es muy complicado ser un buen luchador porque se necesita algo de lo que en esta era digital estamos escasos, tiempo, para poder prepararse para el combate y salir indemne. De todas formas, practica karate si puedes, aunque sea poco tiempo, siempre será mejor que no tener ningún conocimiento, pero si lo quieres hacer de forma efectiva, te recomiendo que lo hagas en un dojo tradicional.

Espero que estas palabras no lastimen a nadie que opine de diferente forma, no es mi intención. Ya que, en definitiva, sigo siendo alumno permanente de mi padre y senséi Luis Martín Ruiz, del que todavía aprendo muchísimo. Además, siempre ando agobiado por la falta de tiempo que creo necesario para ser un luchador efectivo. Estoy satisfecho por lo que este magnífico arte marcial aporta a nuestro físico y, por ende, a nuestra calidad de vida, y, cómo no, orgulloso de ver como niños y niñas me tienen como profe y amigo, y algunos adultos casi como familia. Sin saberlo, me aportan mucho más que yo a ellos. Gracias a todos. *Oss.*

Luis Martín Portillo,
profesor y alumno en Honbu Dojo Torcal

Un método como camino

Nuestra intención, como hemos dicho anteriormente, es recuperar ciertas pautas de nuestro primer soke:

Práctica con makiwara

Como recomendaba el maestro, golpear con *zukis* cien veces con cada brazo en cada entrenamiento, recomendable para corrección de colocación de puños y endurecimiento de muñecas y nudillos, entre otros. Además de golpeo con zonas tal vez un poco olvidadas, como base de dedos de pies *(koshi)*, punta de dedos de los pies *(tsumasaki)*, etc.

Hojo Undo

Entrenamiento con varios utensilios como *chishi*, *nigiri game*, *kongoken*, sacos y otros.

Kihon kata

Los kihones desaparecen como principios de katas o serie de movimientos, imitando un kata de una sola técnica en todo su conjunto. Pensamos que para ello están los *yakusoku kumite* o los trabajos de coordinación con técnicas fijadas. Al mismo tiempo, consideramos que estos kihones no son personales ni los trabajaba el maestro Itosu, sino que han sido inventados por alguien, y por tanto los desechamos, ya que no aportan nada positivo para el buen aprendizaje de los estudiantes principiantes.

Kihon yakusoku kumite

Trabajo de kumite pactado, con la finalidad de adquirir la habilidad de conocer las diferentes coyunturas de distancia, contacto físico y efectividad de técnicas elementales con compañero. Algo muy importante es adquirir la experiencia del contacto físico real con el adversario.

Jyu kumite

Combate libre entre adversarios. Es necesario que exista contacto parecido al real, siempre con control, olvidando la competición y centrándonos más en el combate cuerpo a cuerpo y la realidad de un enfrentamiento, debiendo poner en práctica golpes, barridos, defensas y todo tipo de tácticas para perfeccionar la finalidad de nuestro arte marcial, que no es otra que la efectividad en el combate. Este tipo de lucha se realizará solamente con protecciones de manos y piernas para evitar posibles lesiones.

Honto no tatakai

Contienda o combate real. Con esta modalidad se pretende representar un contacto real cercano al 100 % de nuestras posibilidades, este porcentaje dependerá de si tenemos a un adversario con un *kyu* bajo (*kyu* amarillo, naranja, verde) o, por el contrario, tenemos a un *kyu* superior o dan. Este combate bajo ningún concepto se realizará sin un árbitro o un monitor que controle y que vele por dos preceptos fundamentales. El primero será la duración del combate, de un minuto a tiempo parado entre *kyus* hasta verde y de dos minutos para *kyus* y danes. El segundo precepto es prestar total atención a los momentos en que uno de los contrincantes quede derribado, golpeado o ante cualquier situación que le pueda llevar a una distorsión o traumatismo, deteniendo inmediatamente el combate y observando el estado de este para valorar si debe reanudar la contienda o finalizarla. Es importante que los karatecas entiendan y comprendan que este tipo de combates no se puede convertir en algo personal ni en un fracaso, sino en una experiencia casi real de combate que ayude a aprender de los errores.

Este se terminará con el «rei» reglamentario, junto con un saludo de compañerismo como señal de que no queda ningún tipo de rencor o malicia en lucha. No habrá puntos, no habrá ganadores ni perdedores ni trofeos, solo dos luchadores que han experimentado una situación de enfrentamiento «casi real». Este combate se realizará con protecciones de cabeza, manos y pies, y además con los petos reglamentarios. Este sistema se entrenará de manera concienzuda para lograr un luchador lo más eficiente posible. Por último, como *karate-jutsu* (método de karate) y como está escrito al principio de este manuscrito, no nos podemos olvidar del Do, ya que el comportamiento y la buena filosofía tanto en el dojo como en la vida serán necesarios para convertirnos en lo que nuestro primer guía querría, un buen practicante de karate. Este método será precisado y enseñado a todos los alumnos y futuros senséis para esforzarnos en mostrarlo al mayor número de personas posible, y siempre con la predisposición de aprender y entrenar con practicantes de otros estilos, ya que aunque conservamos un sistema característico propio, también nos encontramos continuamente en el camino del aprendizaje y la perfección cada vez más metódicos. Siempre somos alumnos del karate en sí.

Luis Martín Portillo

A modo de introducción

Después de cuarenta y ocho años de mi existencia dedicados a la práctica y enseñanza de la disciplina marcial del karate en su vertiente primigenia y natural, karate tradicional okinawense, que fue introducido y transferido por algunos grandes maestros, tengo que exponer que…

Durante mi caminar a través de este arte marcial he amontonado argumentos de peso para intentar desarrollar y exponer en esta obra mis conceptos, estudios y experiencias sobre el karate que practico y que intento transmitir, y al mismo tiempo evidenciar y también censurar todo aquello que considero que han sido errores, invenciones y falacias que se han ido acumulando en torno al karate y que solo han ido dañando al karate en todo su conjunto. De las principales materias que pretendo denunciar, una de ellas es la manida cuestión «karate tradicional y karate deportivo».

Para mí, el karate tradicional es el único y verdadero, por mucho que algunos quieran volver a la carga sobre si el karate deportivo es tal o cual, o aquel estilo procede de aquel sitio o de aquel otro sitio. En definitiva, mi propósito al escribir esta obra es dar a conocer mis juicios y reflexiones, acertados para algunos y quizás erróneos para otros, pero basados en muchas experiencias y realidades demostrables.

Después de que mi maestro Akihiro Mieno dejara nuestro país para marcharse definitivamente a su país natal, no dejé en ningún momento de entrenar diariamente y recordar y practicar todo aquel arsenal técnico y humano que llevaba en su mochila. Durante todos estos años he ido acumulando numerosas vivencias relacionadas con el karate en sus dos vertientes, y aun me ha quedado algo de tiempo para visitar otras artes marciales. He entrenado varios estilos de karate sin pertenecer a ninguno de ellos, pero siempre fiel a las enseñanzas de mi maestro, que practicaba el estilo y la herencia de Yasutsune Anko Itosu.

En estos últimos años, por el hecho de mantener un punto de amistad y familiaridad con alguien que yo creía que seguía el estilo del maestro Itosu, nuestro dojo estuvo asociado y fue integrante de la organización japonesa Japan Karate-do Itosu-kai durante muchos años, pero en 2021 abandonamos esta organización por la falta de ética y el proceder de dicha organización. A partir de este momento, reiniciamos nuestro largo viaje de karate constituyendo la Asociación Española Karate Jutsu y también renacimos nuestro estilo como Itosu-ha.

NOTA:

Es posible que alguien o algunos quieran controvertir de mala fe sobre los pormenores de nuestra ruptura con la Japan Karate-do Itosu-kai, pero desde aquí invito a todo aquel que lo desee a que vea y lea toda la documentación, escritos, correos y registros en nuestro poder desde 2004 hasta 2021, período en que fuimos asociados, y de esta manera pueda evidenciar qué clase de asociación es Japan Karate-do Itosu-kai. También es posible que algún malintencionado indique que fuimos expulsados de la Japan Karate-do Itosu-kai por tal o cual motivo —sería inventado y falso—, y eso constituiría una falacia, una falsedad y un sofisma canallesco, pues hemos sido **yo, Luis Martín Ruiz, y nuestro dojo mediante escrito enviado a Japón, durísimo pero correcto, los que en su momento renunciamos a seguir con esa asociación poco íntegra.**

Luis Martín Ruiz

Nuestro estilo

ITOSU - HA

Sin entrar en detalles de fechas y maestros lejanos del Okinawa-te que se pierden en el tiempo y que pueden llevarnos a debates e interrogantes interminables, me centraré en los primeros maestros que se distinguen y en los diferentes estilos de combate y características en el reinado de las islas Ryukyu:

1. El Naha-te, practicado y difundido por el gran maestro Higaonna Canryo y su primer alumno, Miyagui Chojun.
2. El Shuri-te, practicado y difundido por el gran maestro Matsumura Sokon y sus aprendices Anko Itosu y Azato.
3. El Tomari-te, practicado y difundido por el maestro Kosaku Matsumura y su alumno Nakasone.

Pero una vez puntualizados todos los antiguos estilos, deseo profundizar y al mismo tiempo homenajear a mi maestro Akihiro Mieno, que supo trasladarme el recuperado karate y la esencia del estilo Shuri-te.

Maestro Akihiro Mieno

Anko (Yasutsune) Itosu

Nació en Yamakawa, en Shuri, y transmitió su estilo y forma de trabajar a su alumno Gichin Funakoshi, el cual difundió por todo Japón lo que se ha dado por llamar «karate moderno». De los estilos principales del karate japonés, tres de ellos pueden atribuirse a Itosu: el Shotokan, el Shito-ryu y el Wado-ryu.

Anko Itosu desarrolló una forma muy personal y universal de entender el *tode-jutsu*, el sistema de autodefensa tradicional okinawense, creando un sistema de adecuación física capaz de ser incluido en las escuelas y en las clases de educación física. Al mismo tiempo, cambió el objetivo único de ser un arte concebido solamente para el combate, para que así sirviera como forma de desarrollo del carácter y de la personalidad. Anko Itosu creó varios katas, entre los que se incluyen los Pinan, que son a la vez los más practicados del mundo.

De todos sus alumnos, su estudiante más avanzado fue Kenwa Mabuni. Mabuni estudió todos los katas de Itosu y también estuvo bajo la protección de Kanryo Higaonna, maestro del Naha-te, tomando los primeros caracteres de sus dos maestros.

Existen varias teorías sobre la biografía de Anko Itosu y sobre la creación de sus Pinan. Algunos historiadores japoneses de las artes marciales y otras varias fuentes mantienen que Itosu realmente nació en Gibo (Shuri) y se desplazó posteriormente a Yamakawa (1922). Parece también que tuvo la influencia de otros maestros como Nahagama (Naha), Motubu, Kosaku Matsumura (Tomari) y Gusukuma. También existe la teoría de que Itosu no creó los katas Pinan, sino que adaptó viejos y remotos katas chinos llamados Channan, de ahí la famosa fábula y las creencias de algunos fantasiosos o nostálgicos que hablan de Channan, el «kata perdido de Itosu».

Como puede comprobarse, ni los historiadores japoneses se ponen de común acuerdo, ¿cómo es que algunos aficionados a contar historias pueden opinar e incluso afirmar cosas indemostrables?

Según algunos, una de estas teorías mantiene que Itosu aprendió varias series de formas chinas y las reconvirtió en cinco partes más pequeñas a las que llamó Pinan, y que esas formas chinas provenían de una zona llamada Annan. Otros dicen que esas formas chinas las aprendió de un hombre llamado Channan. Otros afirman que en un principio los Pinan se llamaban Channan. En fin, existen tantas y diversas historias sobre el legendario Itosu y el karate en general que ya dejo de relatar más historias sobre él, porque habría para rellenar otro libro.

En cualquier caso, Anko Itosu y sus historias y enseñanzas dejaron unas secuelas imborrables en las artes marciales, en las artes de lucha llamadas karate del antiguo Okinawa, y será recordado como un maestro de maestros que fue capaz de levantar el velo del secretismo que envolvía al karate de aquellos tiempos.

Pensamientos y razonamientos
del que rubrica

En este libro hago alusión a una serie de temas propios del karate tradicional y la forma en que en Itosu-ha lo trabajamos, y al llamado karate deportivo, que es una innovadora alteración del verdadero karate, seguramente para dilatar el ego de algunos y, a veces, el fondillo de otros.

Ni Sokon Matsumura, ni Yasutsune Anko Itosu, ni Kanryo Higaonna, ni Yasutsune Azato, ni Kenwa Mabuni ni otros practicaban, enseñaban o sabían nada sobre la competición. El karate era por entonces una disciplina de defensa y batalla para salvaguardar la integridad física del propio individuo y los valores éticos del ser humano, el Do.

Y como según expreso, mi largo camino ha estado lleno de toda clase de experiencias, unas positivas y otras que nunca deberían estar presentes en este arte marcial, como la competición, pues las grandes virtudes y características del karate con mayúsculas se cimentan en sus enormes valores humanos. La competición no queda en su totalidad dentro del catálogo de algunos de los valores humanos y, por lo tanto, la consideramos como una parte no positiva de este arte marcial.

Teniendo en cuenta que la FEK tiene como objetivo primordial la competición, quiero especificar que teniendo presentes las estadísticas, el número de practicantes de las diferentes asociaciones, federaciones y clubes que no pertenecen a la FEK es infinitamente superior a las personas que tienen licencia federativa a través de la FEK. Por esta razón, quiero dejar claro que no hay por qué enfatizar ni concederle una importancia prioritaria a esta federación «oficial», ya que todos los grados (danes) que se obtienen a través de cualquier otra asociación o federación tienen idéntica validez que los obtenidos a través de la FEK, y el hecho de tener licencia y títulos a través de la FEK no es sinónimo de una buena calidad técnica para un combate real. Dicho esto, que me apetecía dejarlo transcrito en este libro, continúo con otras cuestiones.

Hasta este momento no he localizado ningún tratado original, ningunos bocetos ni dibujos originales, solo alguna que otra foto o algunos dibujos «polémicos» de la imagen de Anko Itosu. Del maestro Kenwa Mabuni, alumno de Itosu, tenemos algunas fotos con varias posiciones y técnicas. Del maestro Gichin Funakoshi, también alumno de Anko Itosu y considerado padre del karate moderno, tenemos algunas referencias, pues escribió varios volúmenes, entre ellos el autobiográfico *Karate-do, mi camino*, y algunos vídeos muy defectuosos ejecutando los Pinan y otros katas propios de Itosu, como el kata Wanshu, que por cierto tiene diversos cambios en la actualidad. Y como siempre que escudriño algo sobre el karate, su procedencia y sus maestros, creadores, katas y técnicas, me encuentro con las mismas frases: «Al parecer...» o «Parece ser que...».

Gichin Funakoshi

Expresamente, quiero hacer algunas consideraciones referentes a Gichin Funakoshi, fundador del estilo Shotokan y considerado el precursor del karate moderno.

Si alguien ha leído la obra *Karate-do, mi camino* y no es una persona sectaria, habrá llegado a la conclusión de que ese libro es un cuento de hadas lleno de ilógicas ingenuidades. Funakoshi dice: «Una y otra vez, semana tras semana, cada noche en el patio de la casa del maestro Azato y bajo su atenta mirada, yo repetía un mismo kata hasta dominarlo a la satisfacción de mi profesor. Más de una vez tuve que lamer el polvo del suelo del dojo o del patio de Azato». Por cierto, nadie se pone de acuerdo con el nacimiento y muerte de este maestro ni los katas que solía practicar, porque de Itosu se reconocen los katas Pinan, Kushanku, Naifanshin y poco más, pero del maestro Azato no se le reconoce que practicara tal o cual kata.

Funakoshi continúa: «Nunca se me permitió pasar a otro kata hasta que mi maestro estaba convencido de que había comprendido el que estaba practicando». Pero Funakoshi nunca comenta qué katas realizaba, ¿por qué? Cuando por aquel entonces, al parecer, los katas que rodaban eran los Pinan, los Naifanshin y algún que otro.

Y Funakoshi continúa: «Algunas veces practicaba bajo la tutela de los maestros Azato e Itosu al mismo tiempo, y de no haber sido por estos dos grandes maestros, actualmente sería una persona diferente». ¿Cómo es posible que no se hable de los katas que practicaba con estos dos maestros, siendo Itosu el creador de los Pinan? ¿Cómo Funakoshi no habla de ningún kata, ni de los Pinan ni de ningún otro? ¿Nadie ha reparado en averiguar o analizar con toda profundidad las afirmaciones y contradicciones de Funakoshi en su libro *Karate-do, mi camino*? Al parecer no. Es más, hoy día algunos siguen creyendo a pies juntillas las historias de Funakoshi en su autobiografía.

Al mismo tiempo, y en esta misma obra, Funakoshi habla sobre las falsas leyendas que envuelven al karate, de hazañas imposibles y absurdas, de aquel «gran maestro» que con un *nukite* traspasaba un árbol, etc. Sin embargo, se contradice y nos dice en ese mismo volumen: «Continué practicando karate entrenando con diferentes profesores: el maestro Kiyuna, que podía arrancar con sus propias manos la corteza de un árbol». El único Kiyuna que conocemos es el campeón olímpico de katas en Tokio, Ryo Kiyuna.

Y Funakoshi sigue, y esto es concluyente: **«Como no existe material escrito sobre los orígenes del karate, no podemos saber cómo se inventó, se desarrolló y ni siquiera de dónde es originario. Solo conocemos algo de sus comienzos a través de leyendas orales que, como tales, están llenas de inexactitudes y fantasías».**

Y continúa: «Cuando yo empecé era el único alumno del maestro Azato y uno de los pocos que entrenó con el maestro Itosu. No había instructores profesionales y casi ninguna descripción escrita de las técnicas, vacío que, para una persona como yo, cuya misión en la vida habría de ser la difusión del karate-do, ha resultado sumamente penoso. Comencé a revisar los katas para hacerlos lo más simples posible, con la esperanza de ver el karate incluido en el sistema de educación física mundial y en las escuelas primarias. Los tiempos cambian, el mundo también cambia y, obviamente, las artes marciales deben evolucionar».

Aquí Funakoshi tampoco describe los nombres de los katas que revisaba para hacerlos lo más simples posible. ¿Por qué? Y yo pregunto: bien, los tiempos cambian, el mundo también cambia, pero las artes marciales ¿por qué tienen que evolucionar? Estoy de acuerdo con que en algunos aspectos el karate se desarrolle, pero en otros no.

No es lo mismo ni tiene el mismo valor una hogaza de pan elaborada en una tahona tradicional y cocida en un horno de leña y ladrillos que una hogaza de pan hecha en un microondas industrial. Por tanto, considero que el karate tradicional tiene el sabor del pan cocido en un horno de leña (reflexión propia).

Funakoshi continúa: «Casi todos los nombres de los katas que describo en mi libro [se refiere a su obra *Karate-do Kyohan*] tenían su origen en Okinawa: Pinan, Naifanshin, Chinto, Passai, Seishan, Jitte, Jion y otros. De hecho, esos eran los nombres que había aprendido de mis maestros hacía mucho tiempo. **Nadie entonces sabía de dónde habían surgido y la gente tenía dificultades para aprenderlos.** Así que después comencé a denominar los katas con nombres que resultaban más fáciles para los japoneses y que hoy día son familiares en todo el mundo: Tenno-kata, Chi-no-kata, Hito-no-kata, Empi, Gankaku, Meikyo, Hakko, Kiun, Shoto, Shoin, Hotaku, Shokyo. Me apresuro a asegurar al lector que no pienso que los nombres que he escogido vayan a ser eternos. No dudo que en el futuro, con el cambio de los tiempos, los nombres de los katas también cambiarán». Aquí Gichin Funakoshi también reconoce y reitera que él fue el promotor de tantos cambios en los nombres, técnicas, katas y otros, no respetando las enseñanzas de sus maestros, y que daba carta libre para que en adelante todo aquel que quisiera pudiera cambiar cualquier aspecto del karate tradicional.

En uno de los pasajes de ese libro, Funakoshi habla sobre un encuentro con una serpiente muy peligrosa llamada *habu* y después de algunas peripecias, sin mucho sentido, termina diciendo: «Esa *habu* conoce muy bien el espíritu del karate». Y Funakoshi sigue otra vez contradiciéndose y dice: «En mi opinión, hay un serio problema que persigue al karate actual, y no es otro que la existencia de diferentes escuelas. Creo que esto tiene un efecto perjudicial para el desarrollo futuro del karate». ¿En qué quedamos, en que las artes marciales deben evolucionar o que hay un serio problema con la existencia de diferentes escuelas a causa de esa evolución?

Continúa con: **«No hay lugar en el karate moderno para escuelas diferentes. Sé que algunos instructores se arrogan el derecho de denominarse fundadores de "escuelas".** Yo mismo he oído referirse a escuelas tales como Shoto-kan, pero me opongo firmemente a este intento de diferenciación. Creo que estas escuelas deberían reunirse en una sola, de forma que el karate-do colabore en el progreso ordenado y útil del futuro del hombre».

Después de leída toda la obra de Funakoshi, llegas al resultado y conclusión de que está llena de fantasías, fábulas y entelequias, por lo que personalmente no me merece demasiada credibilidad. No obstante, todo mi respeto y admiración hacia este maestro, como a cualquier otro que haya proporcionado algo para la difusión de las artes marciales, aunque algunas de sus aportaciones hayan sido más bien perjudiciales.

Tras estos pensamientos y razonamientos a modo de inicio, hago otra reflexión y me siento en el deber de disculparme ante todas las personas y entidades que se supongan aludidas por mis reflexiones y argumentos y que no se sientan identificadas con mis maneras de argumentar, definir y exponer lo que creo que debe ser la disciplina marcial del karate tradicional.

Tengo que hacer una última alusión a otro de los libros escritos por Funakoshi, *Karate-do Kyohan*, al que se le denomina «el texto maestro». En esta obra, Funakoshi sigue sin aportar nada, pues continúa ahondando en párrafos y pensamientos complicados y metafísicos que no tienen ningún valor real ni ningún conocimiento aprovechable para poder sumarlo a la mochila de sabiduría y ética que todo buen karateca debe poseer.

Una de las extravagantes máximas que escribe en el capítulo 7 de la obra *Karate-do Kyohan* para el estudiante es: «Se dice que incluso un gusano que tiene una longitud de tres centímetros posee un alma de centímetro y medio; así, mientras se va ganando habilidad en el karate, se debe ir teniendo mayor cuidado con la palabra. También se dice que cuanto más alto es el árbol, más fuerte es el viento, pero ¿acaso hasta el sauce no se las ingenia para soportar el viento? Así, de manera similar, el estudiante de karate-do debe considerar el buen comportamiento y la humildad como las más altas de las virtudes».

Aparte de los demás capítulos, llenos de frases y oraciones abstractas, en esa misma obra nos describe lo que en cientos de libros otros autores han ido plasmando para llenar páginas, o sea, dibujos de las técnicas de manos en ataque, dibujos y fotos de técnicas de defensa, técnicas de pierna, entrenamiento básico… También nos describe los katas Heian (Pinan), con algunas diferencias con los Pinan que Anko Itosu, su maestro, se supone que le enseñó. Además de los Heian (Pinan), también nos describe algunos katas superiores, los cuales en su momento no aportaron nada nuevo. Se cuentan tantas historias, cuentos y leyendas falsas con relación al karate que muchos «entendidos» se las creen. En algún sitio que he leído, alguien decía que en el libro de Funakoshi *Karate-do, mi camino*, este refiere que practicaba el kata Naifanshin, y eso no es verídico, eso es falso, pues Funakoshi no hace alusión a ningún kata. Y así todo. Cada uno coloca su piedrecita para difuminar y cambiar el verdadero karate.

Partiendo de estas reflexiones, tenemos, mejor dicho, no tenemos referencias fiables sobre los katas originarios del maestro Itosu y de otros de aquella época, y por tanto nos tenemos que fiar de lo que nos han querido transmitir algunos maestros posteriores. Posiblemente, uno de los precursores de todos los cambios que ha sufrido negativamente el karate tradicional fue Gichin Funakoshi, que transmitió el karate okinawense a Japón, pero algo descafeinado para, de esta manera, complacer y entusiasmar a las autoridades y políticos japoneses.

Otro de los puntos que quiero tratar y que no nos ha sido transmitido por ninguno de los antiguos maestros de aquellos tiempos es el llamado *kyusho*, técnicas propias del karate.

El *kyusho-jutsu* son técnicas provenidas de las artes marciales, las cuales consisten en atacar los puntos vitales del cuerpo humano para provocar dolor considerable y otros efectos de importante repercusión traumática.

Otra forma de definir el *kyusho* consiste en comprender y trabajar el armazón nervioso del cuerpo humano para buscar los puntos débiles y la mejor forma de agredirlos o inutilizarlos.

En múltiples obras sobre el karate y otras disciplinas marciales, es muy habitual encontrarnos con dibujos sobre el cuerpo humano señalando los puntos vitales más vulnerables de la estructura corpórea; incluso, al amparo de las técnicas de *kyusho*, han surgido gran cantidad de escuelas marciales dedicadas exclusivamente al trabajo de estas técnicas. Sin embargo, no es difícil de comprobar para todo el que tenga cierta experiencia y cierto nivel en karate y quiera ahondar en sus técnicas que en realidad el karate, intrínsecamente, lleva aparejado un gran repertorio de técnicas de *kyusho*. Aquí podríamos adjuntar aquella famosa frase del maestro Itosu, «ikken hissatsu» ('matar de un solo golpe'), con lo cual nos está diciendo que para llevar a cabo el «ikken hissatsu» habría que golpear en un sitio vital empleando alguna técnica del llamado *kyusho*, que a la postre pertenecería a una técnica de *karate-jutsu*.

Está claro que una vez que el karate tradicional se «comercializó» y hasta nuestros días, estas técnicas de karate se han ido perdiendo y solo se ejecutan de cara a la galería y de pasada, pero en un combate real un karateca que no haya practicado estas técnicas no sería eficaz ante una situación de defensa personal callejera comprometida. Cada escuela tiene una forma muy particular de interpretar y aplicar sus propias técnicas de *kyusho*. Por lo tanto, en nuestro estilo Itosu-ha, aplicamos nuestras propias formas de ejecutar los ataques a los que consideramos un grupo reducido de puntos vitales. Al parecer, todos los maestros antiguos desde Itosu a Funakoshi conocían estas técnicas, pero posiblemente no quisieron incorporarlas cuando tuvieron que difundirlas, quizás pensando que estas técnicas eran demasiado peligrosas para impartirlas en colegios. De esta manera, el karate deportivo carece de su propósito y objetivo, que es la defensa personal, y como algunos señalan, está quedando como una manera de mantenerse en forma a través de movimientos y formas muy plásticas y figurativas.

En nuestro estilo Itosu-ha, hemos recuperado las técnicas antiguas del *kyusho* y entrenamos incidiendo sobre los puntos vitales como puntos predominantes. De esta manera, el abanico de posibilidades en el momento de una confrontación real sería mucho más amplio y efectivo.

Puntos predominantes:

- Ojos
- Tráquea
- Laringe
- Esternocleidomastoideo
- Ángulo nasolabial
- Parte inferior del esternón
- Sienes
- Vértebras cervicales
- Columna
- Genitales
- Tibia
- Rótulas
- Ingles
- Abductores

Y, por otro lado, atravesando este largo camino desde Itosu e Higaonna hasta nuestros días, tenemos que el karate tiene otro enemigo, que es la gente que idea, inventa, abre disciplinas extrañas y métodos nuevos, pero, en definitiva, todo imitado y revuelto de otras disciplinas de combate ya establecidas, alterando tal o cual técnica y su forma de aplicarlas. Y lo más penoso de esta historia es que estas personas, por lo general, están carentes de nivel, por lo que a la postre defraudan y decepcionan a los que comienzan en esta disciplina.

Ante todo lo expuesto, mi enfoque sobre lo que considero una trayectoria errónea de la disciplina marcial del karate puede resultar para algunos atrevido, crítico y quizás censurable. No es mi intención querer enmendar nada ni dañar a nadie en su persona o dogma, solo emito un estudio razonado y analizado durante muchos años sobre todos los temas y aspectos que tecleo en este libro. El karate con mayúsculas debe conservar su pureza, y en nuestro estilo de karate Itosu-ha intentamos mantener esos principios.

Itosu-ha
El karate tradicional

Aparte de lo expuesto, en esta obra quiero mostrar y desglosar los diferentes grupos y esquemas de trabajo tan atractivos y estimulantes, y la gran diversidad de técnicas de defensa y ataque que contiene esta singular y tradicional disciplina de combate.

Como es bien sabido por aquellos que practicamos karate tradicional, cuatro pueden ser los grandes grupos de nuestro entrenamiento: los **katas** y sus bunkais, las técnicas de **kihon**, el **kumite** y el entrenamiento del **Hojo Undo** (aparatos para el desarrollo de la fuerza).

LOS KATAS

Sucesión de técnicas encadenadas y establecidas en su ejecución, simulando un combate imaginario contra varios adversarios. Los katas han ido cambiando en su ejecución y recorrido (embusen) según las modalidades que han venido naciendo y creándose en las décadas precedentes, así un kata puede variar sus técnicas ya sea del estilo Shito-ryu, Shotokan, Goju-ryu, Itosu-ha, etc. Y también según el estilo pueden tener un número diferente de katas; por ejemplo, Shito-ryu tiene más katas que Goju-ryu y que Shotokan. Pero, en definitiva, esta peculiaridad no tiene una gran incidencia en el desarrollo de un karate global.

Cada uno de los katas tiene su nombre propio y su significado. Por ejemplo, el Bassai transmitido por Gichin Funakoshi proviene del Passai Dai de Itosu, que según parece proviene de…, y significa 'atacar una fortaleza', 'romper la fortaleza'. Pero estos nombres no tienen ninguna relación con el propio kata ni con la serie de técnicas que se ejecutan, estos significados son imaginativos, ideológicos, metafísicos y fantasiosos y están asignados, al parecer, por algunos maestros antiguos u otros más modernos.

Por ejemplo, al kata Aoyagi en algunas líneas de Shito-ryu se le llama Seiryu y su significado es 'sauce verde', refiriéndose fantasiosamente a cómo el sauce es flexible frente al fuerte viento y cómo, de igual forma, su practicante aprende a usar la fuerza de su oponente a su favor. ¿No es parte del propio karate usar la fuerza del oponente a nuestro favor? Por lo tanto, a cualquier kata se le podrían adjudicar los dos kanjis y el seudónimo de «sauce verde». También algunos creen que este mismo kata fue generado especialmente como entrenamiento para las mujeres en consideración a la anatomía del sexo femenino. Y esto es otra incógnita y otra incongruencia, pues en ningún momento de la historia del karate antiguo se hace referencia a ninguna mujer o algún nombre de mujer haciendo karate; por lo tanto, no existe el nombre de ninguna mujer en el karate antiguo. El karate de aquellos tiempos era machista. Entonces, ¿de dónde procede esta «historia» de que el kata Aoyagi creado por Mabuni fue generado para entrenamiento de mujeres?

En esta obra me expongo a que muchas personas me cataloguen como un contestatario vehemente y engreído, pero la realidad es evidente y no expongo nada que no sea demostrable. Quizás algunas de mis afirmaciones se podrían debatir (me gustaría), pero como la mayoría de la historia antigua del karate no es demostrable, hay que navegar, casi siempre, sobre el mar de las hipótesis y conjeturas.

En mi larga experiencia he practicado varios estilos, Goju-ryu, Shotokan, Shito-ryu e Itosu-kai, y actualmente sigo el karate que considero más verosímil y que procede, al parecer, de los orígenes puros y tradicionales del maestro de maestros, Anko Itosu, siguiendo sus directrices auténticas.

De este modo, trabajo un estilo propio al que hemos denominado Itosu-ha ('estilo de Itosu'), descendencia y raíces de Shuri-te. Por lo tanto, en nuestra escuela practicamos los veintitrés katas «auténticos» creados por el maestro Itosu. Tengo que añadir que dentro de estos veintitrés katas se encuentran los cinco Pinan, a los cuales en otros estilos denominan Heian (otra alteración). Tengo que ser sincero y reiterar que no existen datos fehacientes en todas estas historias, pero de todos los estudios, memorias y publicaciones que he analizado durante años, la mayoría me han encaminado hacia el maestro Anko Itosu, sus Pinan y su karate tradicional.

Siguiendo la línea de exposición de mis teorías, llego a otra conclusión, y es que al parecer mucha gente, o un grupo muy numeroso de gente, da por sentado que lo que dicen los pocos escritos originales, o los escritos de algunos que se denominan cronistas, son verdaderos, aunque sean tan evidentes mis argumentos, que dicen lo contrario, lo cual demuestra que el sectarismo de unos y el poco conocimiento de otros están presentes.

El maestro Yasutsune Anko Itosu fue muy destacado en Shorin-ryu y divulgó su manera de trabajar creando esos veintitrés katas y complementando y modificando gran cantidad de otras formas más antiguas. También se le conoce como el que introdujo el karate en el sistema estudiantil en Okinawa. Desde entonces, todos los sistemas de enseñanza han ido «evolucionando», e incluso los katas y algunas técnicas y posiciones se han ido modificando según los criterios de algunos maestros posteriores. ¿Por qué?

Las cosas y los tiempos avanzan y van evolucionando según los criterios de las personas que los van modificando según sus reglas, pero estos cambios a veces son rentables y otras son perjudiciales, y como he dicho anteriormente y reitero, no es lo mismo una hogaza de pan hecha en un horno antiguo de leña y ladrillos que una hogaza de pan hecha en un aparato de acero inoxidable y horneada en un microondas gigante industrial. Lo tenéis claro, ¿verdad?

Por ejemplo, uno de los muchos cambios efectuados por «maestros más modernos e innovadores» lo tenemos en la posición atrasada del *kokutsu dachi* antiguo.

Este es el kokutsu dachi antiguo que alguien cambió

¿Por qué en algunos escritos se hace alusión a la posición *kokutsu dachi* antiguo? Posición atrasada, pero con la pierna delantera extendida y la cadera girada hacia atrás. Esta posición se utiliza ante un ataque para alejarnos sin tener que mover los pies, solo girándolos levemente. El peso recae casi en su totalidad sobre la pierna atrasada. Imagina un *zenkutsu dachi* muy bajo, pues gira la cintura y cadera y adoptarás el *kokutsu dachi* antiguo de Itosu. Esta posición es la que adoptamos nosotros y también en Shito-ryu; por el contrario, otros estilos adoptan otra forma de *kokutsu dachi*. ¿Quién ha cambiado esto? ¿Qué pasa, que lo antiguo es peor que lo moderno? ¿Quiénes han osado alterar las técnicas y las formas de aquellos maestros antiguos?

Otra técnica que ha desaparecido y que, al parecer, la practicaba el maestro Anko Itosu es el *tekubi kake ura ken zuki (kiusho)*. Es una técnica que empleamos en nuestro estilo Itosu-ha y que consiste en golpear sobre los genitales invirtiendo la muñeca y golpeando con los nudillos medios o falanges.

Tekubi kake ura ken zuki

Quizás estaré equivocado en algunas de mis tesis y comentarios, y sería muy interesante que alguien me saliera al paso y me rectificase, pero no a través de esos medios de Internet, sino personalmente, por ejemplo tomando un café, pues me agrada el diálogo y el debate sano y honesto.

Sobre el tema de los katas hay mucho de leyenda, pues no constan documentos ni ilustraciones en los que se representen al maestro Itosu ni a ningún otro maestro de aquella época realizando ningún kata. Por tanto, todo ha ido pasando de boca en boca, y quién sabe… La prueba de estas alteraciones en los diferentes katas está en que cada estilo tiene diferentes formas de realizar un mismo kata, así que adentrarse en descifrar de dónde procede cada kata de karate es entrar en un terreno muy resbaladizo.

Sobre esto de tantas alteraciones de nombres de katas, de diferentes técnicas en los katas dependiendo del estilo que se practique, de número de katas en cada estilo, de varios nombres en técnicas similares, de los diversos tiempos de ejecución en un mismo kata, etc., tengo un ejemplo no muy lejano.

Hará sobre unos cuatro años y perteneciendo aún nuestro dojo a la asociación Japan Karate-do Itosu-kai, nos hicieron cambiar el número de kihones que trabajábamos, que eran veinte kihones (trabajo de principios básicos parecidos a los katas, pero muy básicos y primarios). Esta asociación nos transmitió que cambiáramos estos veinte kihones y que solo había que hacer diez, pero sustituyendo parte de las técnicas, todo esto sin ningún motivo justificado y sin ninguna explicación. Este cambio no tiene ningún rigor técnico ni científico ni físico ni nada. Por eso nosotros en Itosu-ha hemos dejado de practicar kihones.

Estos diez kihones, junto a trabajos en *makiwara*, explicación de posiciones, historia de Anko Itosu, nomenclatura de anatomía, movimientos básicos, diferentes direcciones en las esquivas y varios apartados más, los puso en circulación esta asociación Karate-do Itosu-kai a través de un DVD que no aporta nada nuevo aprovechable, porque todos los que practicamos karate durante tantos y tantos años sabemos todo esto hasta la saciedad. Pero por si alguien tiene interés en adquirir este DVD, ya puede preparar 90 euros como mínimo, ¡ja!

¡Ah!, se me olvidaba, no se puede comprar un solo DVD, hay que comprar un mínimo de diez, más el envío. A nosotros, por pertenecer a la asociación y haciéndonos un gran favor, nos dejaron comprar solo cinco, que nos salieron por unos 500 euros. Menudos pájaros estos personajes de Japón.

Katas creados y transmitidos por Anko Itosu y que trabajamos en nuestro dojo y en la Asociación Española Karate Jutsu

LOS CINCO PINAN
JITTE
JIIN
JION
BASSAI DAI
BASSAI SHO
NAIFANSHIN SHODAN
NAIFANSHIN NIDAN
NAIFANSHIN SANDAN
ROHAI SHODAN
ROHAI NIDAN
ROHAI SANDAN
KUSHANKU DAI
KUSHANKU SHO
SHIHO KUSHANKU
CHINTE
GOJUSHIHO
CHINTO
WANSHU

Al parecer, esta forma de entrenamiento en artes marciales se originó a través de las artes de lucha de la India y China. Son parte muy importante, junto al combate, en la manera de entrenarse y adiestrarse sobre sus formas y maneras. De hecho, los katas contienen parte de la esencia verdadera del karate, pues en ellos se encuentra la mayoría de las técnicas de defensa y ataque que se puedan realizar en un combate real. Además, en los katas se encuentran algunas técnicas que son prohibidas en el karate deportivo, como golpes en las ingles, las articulaciones, la columna, las arterias, las vías nerviosas y otros órganos delicados, técnicas de *kyusho-jutsu*.

Tengo que añadir como elemento curioso y que no he descubierto en ningún manual de karate ni en ningún tratado de lucha o combate la utilización, ya sea como ataque o defensa para deshacernos de un agarre peligroso *(tsukami)* o para nuestra integridad corpórea, de nuestra dentadura mediante una dentellada *(hitokushi)*. Está claro que una dentellada solamente debería utilizarse en aquellas ocasiones en las que tu integridad física esté en peligro letal. Asimismo, en todas aquellas competiciones de combate extremo, como es lógico y normal, está prohibida esta maniobra de ataque tan destructora y nociva, pero aplicable en caso extremo en la realidad.

LOS CINCO PINAN

Estos cinco katas que provienen del Shuri-te son los básicos y los elementales que el principiante debe practicar desde el comienzo y que fueron desarrollados por el maestro Itosu a principios del siglo XX, después de la introducción del karate en el sistema educativo como añadidura.

El maestro Itosu tomó como prioridad otras formas antiguas, tales como el kata Kushanku, Passai (Bassai) y el kata Jion. Al parecer, los cinco katas Pinan provienen del kata Kushanku o viceversa, ya que en este kata se encuentran diversas técnicas que también las encontramos en los Pinan. En los Pinan se encuentra la mayoría de las técnicas básicas y fundamentales, y en estos katas se descartan las técnicas más complejas, ya que están encaminadas a la enseñanza de los principiantes. En los katas Pinan quedan introducidas todas las posiciones más básicas de nuestro estilo Itosu-ha, tales como el *zenkutsu*, el *neko ashi* y el *shiko dachi*; las defensas como *gedan harai uke (gedan barai), chudan uke (yoko uke, uchi uke), yodan uke (age uke), shuto uke, kakiwake* y *morote uke*, y los ataques más usados, *oi zuki, giaku zuki, uraken uchi, shuto uchi, tetsui uchi* y en alguna ocasión *mae geri* y *mikazuki geri*.

Es interesante que en algún que otro estilo se haya implantado una nueva posición, el *han zenkutsu dachi*. De un tiempo a esta parte, alguien (iluminado) ha implantado una posición intermedia entre el *zenkutsu* y el *moto dachi* o *ayumi dachi*. Me parece una falta de formalidad que algunos «maestros» y estilos introduzcan por su cuenta posiciones postizas y sin ningún criterio basado en leyes físicas.

En nuestro estilo Itosu-ha, el *han zenkutsu dachi* no existe, solo tenemos el *zenkutsu dachi* para trabajos de katas y para algunos trabajos de kihon, y *ayumi dachi* para trabajos de combate y también para trabajos de kihon.

Y siguiendo con los Pinan, existe una alteración en el orden del trabajo y realización de estos cinco katas. Lo más lógico es que los katas se ejecuten por este orden: primero, Pinan Shodan; segundo, Pinan Nidan, y tercero, Pinan Sandan. Sin embargo, en el estilo Itosu-kai se trabajan: primero, Pinan Nidan; segundo, Pinan Sandan, y tercero, Pinan Shodan. El hecho de que el kata Pinan Nidan, en el estilo Itosu-kai, se trabaje como primer kata no lo he llegado a entender. Antiguamente se practicaban por orden normal —Shodan, Nidan, Sandan, Yodan, Godan—, pero actualmente algunas escuelas o alguien cambió el orden a su antojo, basándose en la «dificultad» de un kata con respecto a otro. Me gustaría añadir que el significado de Pinan es 'paz y tranquilidad'.

¿Quién me puede decir el orden que empleó Itosu con sus katas Pinan? Como he referido anteriormente, «al parecer» los Pinan se practicaban por su orden uniforme y normal.

Al enumerar y desarrollar los diferentes katas de nuestro estilo, no voy a penetrar en profundidad en sus características técnicas ni procedencias, en si guarda raíces chinas u okinawenses, en si es de la grulla o del tigre, en si la posición es más baja o más alta, en si se originó a través del «boxeo del puño del monje», etc. Porque aquellos que empollan copiando y escribiendo sobre todo esto no tienen ni puñetero conocimiento de la mayoría de lo que dicen y plasman en sus escritos inventados y copiados de no sé dónde, y algunos escriben con una frivolidad vergonzosa algunas cosas como estas, refiriéndose al kata Rohai: «Los primeros movimientos de este kata se asemejan a la acción de alisar la superficie del agua para hacer que se calme y sea como un gran espejo donde poder mirarse». ¡Demasiada fantasía tiene el que escribió y copió estas entelequias! ¡Qué iluso!

La grandeza de este arte marcial del karate y de sus katas no recae en que si es de este estilo o del otro, o si se creó en tal o cual fecha y por tal o cual maestro. Lo fundamental y esencial de un kata recae en las diferentes aplicaciones y objetivos de sus variadas técnicas (bunkai). Si somos algo agudos (algunos demuestran que no lo son) para realizar una indagación en profundidad de todas y cada una de esas técnicas, tendremos un dilatado abanico de cómo aprovechar esas defensas y ataques en diferentes situaciones.

Una defensa que se convierte en ataque

PINAN SHODAN

Pinan Shodan

初 段 （平 安）

Este kata reitera el trabajo simultáneo de ambos brazos con enca-denamientos más complicados que albergan múltiples combinaciones razonables y efectivas a la hora de aplicar el bunkai. Si realizáis un estudio exhaustivo y real de la primera línea de este kata, os encontraréis con seis u ocho aplicaciones diferentes que podéis emplear. También incluye el trabajo en *giaku yoko uke* y trabajo de manos abiertas, como *shuto uke* y *nukite*. En este kata también se incluye una patada frontal *(mae geri)* y en las técnicas finales del kata se pueden trabajar en su bunkai aplicaciones de *kansetsu waza* y ataques de antebrazo *(ude uchi)*. Las posiciones siguen siendo las habituales de nuestro estilo.

PINAN NIDAN

Pinan Nidan

二 段（平 安）

Se caracteriza por su trabajo básico de defensas y ataques con posiciones características del estilo Itosu (?): *neko ashi, zenkutsu dachi, shiko dachi* y *ayumi dachi*. La posición *han zenkutsu dachi* no la empleamos —aunque en algunas escuelas la emplean—, pues considero que es una posición intermedia entre el *zenkutsu dachi* y el *ayumi dachi* que no tiene ninguna base científica, ni valiosa ni efectiva.

Lo más significativo de este kata puede ser el *tetsui otoshi* del comienzo, los tres *age ukes* consecutivos que en su bunkai se pueden convertir en ataques y los cuatro *shutos gedan* consecutivos del final del kata, que tienen diferentes finalidades empleados en el bunkai.

Aquí deseo incrustar una interrogación que me agita. Si no existen ni fotos ni dibujos de Anko Itosu ejercitando karate, ¿cómo se puede saber —como dejo caer en las líneas anteriores— cuáles eran las posiciones características del estilo Itosu? Pues yo tampoco disfruto de referencias fidedignas para saber cuáles eran las posiciones originales del maestro Itosu. Pero, bueno, todo no lo voy a cuestionar, porque han sido tantos los cambios y las metamorfosis que ha sufrido el karate desde Anko Itosu hasta nuestros días que sería casi imposible enumerarlos y evidenciarlos.

PINAN SANDAN

Pinan Sandan

三 段 （平 安）

Este kata se identifica por el trabajo simultáneo de ambos brazos, *yoko uke* y *gedan barai (doji uke)*, abarcando esta técnica distintas aplicaciones, tanto defensivas como de ataque. También introduce algunas secuencias aplicables a la defensa personal sobre agarres, técnicas de codo *(hiji ate, enpi)*, tanto defensivas como de ataques, e incluye un ataque de mano abierta *(nukite)*. Otra característica de este kata son los escapes *(hazushi waza)* sobre un agarre por el frente y otro por la espalda, técnicas propias de la lucha cuerpo a cuerpo, defensa personal.

Las posiciones son las características y básicas de nuestro estilo, o sea, como en el kata Nidan, añadiendo un *heiko dachi* y un *musubi dachi*.

PINAN YODAN

Pinan Yodan o Yondan

四段（平安）

En este kata, su primera y última línea terminan con técnicas de *shutos*, ya quieras emplearlos como defensa o ataque, según te plantees el bunkai. En su segmento intermedio se trabajan técnicas de *morote uke* o *sasae uke, yoko barai, kosha uke, uraken uchi, shuto uchi* (palma hacia arriba), patadas de *mae geri* (en otros estilos *yoko geri*), *giza geri* (rodillazo), técnica de codo y *zukis* en línea.

El tema de las posiciones sigue siendo el mismo que en los anteriores katas, incluyendo como novedad el *kosha dachi*. En el apartado que queráis hacer de los bunkais, podréis investigar y seguro que encontraréis una notable variedad de llaves, agarres y luxaciones en la distancia corta (defensa personal, *goshin)*, y también otras técnicas de defensa y ataque para aplicar en la distancia media.

Existe cierta controversia a la hora de diferenciar la posición *kosha dachi* de la posición *kake dachi*, y aquí quiero explicar las pequeñas diferencias que existen entre ambas, ya que me siento lo suficientemente autorizado para detallar las peculiaridades de estas dos posiciones, pues me formé en el karate allá por el año 1974 a través de las enseñanzas de un gran maestro y amigo japonés durante más de una década, quien me explicaba exhaustivamente las dudas que le planteaba y la diferencia entre posiciones y técnicas.

El **kake dachi** es una posición de desplazamiento circunstancial y momentánea, en la que pasaríamos forzados desde una posición estable y desplazándonos lateralmente, mediante el cruce de nuestras piernas (la pierna que inicia el desplazamiento pasa por delante de la que queda apoyada en el suelo), cayendo en otra posición, a ser posible estable.

En este caso del *kake dachi*, tendríamos las piernas un poco flexionadas y los brazos los mantendríamos en un *kamae* de guardia, y siempre muy atentos. Esta posición en movimiento la tenemos en nuestro estilo Itosu-ha, en los katas Jitte y Naifanshin, pero tengo que decir que algunos estilos o escuelas interpretan erróneamente la forma de ejecutarla. Pasan una pierna por delante de la que queda apoyada, pero descansando el *sokuto* sobre el suelo. A continuación, hacen girar el tobillo hasta dejarlo apoyado totalmente y, prolongando, desplazan la otra pierna para caer en otra posición «estable».

Esta manera de desplazarse en los katas Jitte y Naifanshin es incorrecta y, además, antinatural. Aparte de esto, tengo que añadir que en nuestro estilo puramente tradicional, los cruces de pierna, ya sean por delante o por detrás de nuestra pierna de apoyo, en combate están «prohibidos», o al menos hay que evitarlos.

En el estilo Shotokan, en los katas Tekki (Naifanshin) y Jutte, lo desplazan correctamente, apoyando la planta completa del pie que se cruza. Otros estilos lo desplazan erróneamente y de manera antinatural.

El **kosha dachi** es la otra posición en la que se cruzan las piernas, pero en esta ocasión en una postura estática y frontal que encontramos en varias katas de nuestro estilo Itosu-ha y que va acompañada siempre de una técnica defensiva u ofensiva. Esta posición mantiene el centro de gravedad bastante más bajo, con las rodillas muy flexionadas y cruzadas y el tren superior del cuerpo erguido. Para mayor estabilidad, se acostumbra a reposar la rodilla trasera sobre los gemelos y el sóleo de la pierna cuyo pie permanece apoyado totalmente en el suelo (katas Pinan Yodan, Pinan Godan, Kushanku Dai, Kushanku Sho, etc.).

Posición kosha dachi y defensa morote uke

También quiero decir que en nuestro estilo Itosu-ha las posiciones no tienen la importancia ni el interés tan elevado que se les concede en el karate deportivo, pues consideramos que las posiciones en los katas y en el trabajo de kihon solamente nos aportan un mayor trabajo de fuerza en nuestro tren inferior y quizás algún refuerzo en nuestra estabilidad, pero aparte de esto, las posiciones de los katas no son aplicables en combate, por lo tanto solo hay que darles la importancia que requieren.

En definitiva, consideramos que las posiciones nos aportan un trabajo adicional que fortalece la condición física del karateca, pero que no tributa nada de importancia capital para el desarrollo del karate de combate y tradicional. Como ya digo, el tema de las posiciones, según mis teorías y postulados, queda para la galería del karate deportivo. Y si alguien no está de acuerdo con lo que afirmo, solo hay que comprobar y observar las escasas fotos que nos llegan de los maestros antiguos, como Mabuni, realizando algún kata con unas posiciones altísimas y demasiado toscas con relación a las posiciones actuales que se realizan en competiciones y en la mayoría de dojos. O sea, que esas posiciones antiguas se han ido innovando a gusto del consumidor para quedar en una especie de representación, exhibición o espectáculo visual que no contiene ninguna esencia del karate tradicional.

Es curioso pero verdadero. Si alguien ha tenido la oportunidad de ver campeonatos de Europa o del mundo y escuchar a los comentaristas, habrá oído estos comentarios sobre el trabajo de algunos karatecas participantes: «Ha realizado un trabajo correcto, pero el ritmo le ha fallado un poco», o «No tendría que haber presentado ese kata, pues es un kata de mucho trabajo de fuerza y parece que le ha venido largo», o «Se merece una puntuación muy buena, pues el kata es muy difícil de realizar por sus posiciones de mucho equilibrio y no ha tenido ni un solo error». Y así todos los comentarios. Pero estos comentaristas, que se supone que son entendidos karatecas, nunca hablan de cómo trasladar todas esas posiciones y técnicas a un combate real; al fin y al cabo, tratan al karate deportivo en el apartado de katas como si fuese gimnasia rítmica, patinaje artístico, gimnasia artística y otros deportes individuales.

El karate deportivo (olímpico) y de competición se ha convertido en un deporte como cualquier otro y ha dejado de ser una disciplina marcial. El Comité Olímpico entiende poco de marcialidad y de disciplina castrense.

PINAN GODAN

Pinan Godan

五段（平安）

Godan se caracteriza por el salto y la caída en posición *kosha dachi* y defensa *gedan kosha uke*. Esta defensa cruzada se repite a lo largo del kata con puños cerrados *gedan* y manos abiertas *yodan te kosha uke*. Por supuesto, y según mi manera de estudiar y orientar los bunkais, esta defensa, como es obvio, se puede aplicar como ataque. También tenemos defensas dobles *(doji uke), gedan yoko*. En este kata se abordan varias técnicas de defensa personal (cuerpo a cuerpo): patada en *mikazuki geri, tate zuki yodan, kagi zuki, tsukami uke* seguido de llave y luxación con *yoko tetsui uchi*, o *tetsui yoko barai*. Las posiciones son las habituales, exceptuando el *kokutsu dachi* antiguo, que se repite dos veces al final del kata.

JUTTE (JITTE)

Jutte (Jitte)

術 手

Su creador es Anko Itosu, y su significado, 'diez manos' o 'manos del templo'. Al parecer, su seudónimo antiguo era 'técnica o mano de la compasión'; es posible que así sea, pues los kanjis cambian según algunas escuelas. También tenemos que Jitte tiene igual significado que sai, nombre de arma blanca de kobudo, y que el nombre de este kata viene dado por la posición de brazos elevados esgrimiendo dos sais. Algunos otros especulan si este kata, en su principio, se trabajaba con un palo (bo), y otros —como siempre, surge la polémica, ya que no existen testimonios fehacientes— dicen que el kata era practicado por una escuela de monjes budistas que no utilizaban armas en su ejecución. Otros dicen que el nombre del kata viene dado por la creencia de un combate contra diez adversarios. Quién sabe.

Como era mi intención, en ningún momento de todo este volumen he profundizado en detalles históricos ni filosóficos, y no por carencia de información, investigación y datos —una gran mayoría tergiversados a través del tiempo—, sino porque me alejaría del objetivo que me he propuesto al escribir esta obra, que es desgranar cada kata para así poder aplicar la gran pluralidad de sus técnicas más interesantes y todas sus posibilidades que se encuentran en sus bunkais y que construyen cada kata de los veintitrés auténticos del maestro de maestros, Anko Itosu, y al mismo tiempo tratar otros temas que considero de gran interés. Dicho esto, doy mi propia versión sobre este polémico kata Jitte (Jutte).

Tengo que decir que en este kata la posición *kiba dachi* quizás fuese la originaria, aunque en nuestro estilo Itosu-ha trabajamos la posición *shiko dachi*, porque quizás sea la posición más natural y porque creemos que es muy posible que los katas que practicamos transporten enormes vestigios de los katas originales. Este kata tiene una gran abundancia de técnicas, interpretaciones y análisis, pues en él abrimos las muchas posibilidades de bunkais.

Defensas en *tekubi kake uke, teisho otoshi, haito* (en defensa o ataque, según bunkai), *sukui uke*, defensas dobles de *gedan barai* y *haiwan yama uke*, y *doji uke*. Ataques con *uraken uchi, haito uchi* a la tráquea, ataque doble simultáneo de *teisho* sobre cabeza y costillas *(yodan, chudan)*. Por lo general, cualquier defensa la aplicamos en algunas ocasiones como defensa y otras como ataque en los bunkais de las diferentes katas; nunca mejor dicho, podemos tomar los eslóganes de «la mejor defensa es un ataque» y «una defensa debe causar el mismo efecto que un buen ataque». Las posiciones son las habituales de nuestro estilo, con *kokutsu dachi* antiguo, *zenkutsu dachi, ayumi dachi* y *shiko dachi, kake dachi* en transición.

Como siempre, es obvio que otros estilos y escuelas han introducido cambios con el paso del karate de Okinawa a Japón. Algunos hablan de defensas contra ataques de bastón o palo largo (bo); no lo creo, pero si llegamos a un estudio detallado de todas sus técnicas podremos conseguir alcanzar otras conclusiones y obtener nuevas versiones de aplicación. En los bunkais no solo hay que trabajar el bunkai originario, sino buscar y re-buscar las otras muchas aplicaciones que contienen los encadenamientos.

Aclaración objetiva:

Cuando mucha gente dialoga, escribe, ilustra, ejerce y debate sobre karate antiguo (tradicional), aceptan de hecho que toda aquella información que han acumulado y que se nos ha dado a través del boca a boca de diferentes reseñas sobre fechas, datos, nombres y lugares es verídica. Yo opino que el karate hay que verlo desde otra perspectiva más tangible y no copiar y copiar, y no creer todo lo que nos cuentan. Todo lo que leas y escuches que diga «parece ser», deséchalo. No entres en el club de los cándidos.

El karate con mayúsculas tiene una base tradicional muy antigua. Partiendo de ese fundamento, tiene que ser desgranado por uno mismo, y no se tiene por qué acudir a leer si era una defensa contra un bo, si el gran salto de *unsu* o *kushanku sho* era para evitar tal o cual ataque o si el *mawashi uke* o *tomoe uke* se aplica de esta manera o de la otra. Las cosas deben ser más simples que todo eso.

Todas las técnicas encuadradas dentro de nuestros katas tienen sus aplicaciones y pueden ser numerosas y variadas (bunkais), pero todas esas técnicas serán válidas si encierran una aplicación lógica, práctica y efectiva. Esta sería la parte más profunda del karate, elemento que el karate deportivo no contempla, y si esto no se contempla, no se está haciendo karate, se está haciendo otra cosa.

JION

Jion

慈音

Segundo kata de lo que yo llamo «trilogía de las tres jotas». Estos tres katas comienzan en posición *heisoku dachi* y los dos puños cerrados a la altura de la barbilla; el puño izquierdo abraza al puño derecho. Según me contaba mi maestro (puro estilo Itosu), «el puño izquierdo protege al derecho, que se supone que es el más fuerte y, por tanto, hay que preservarlo». Dicen que el kata Jion es de origen chino y que fue introducido en Okinawa a través de un monje que se llamaba Jion. Otros dicen que el nombre de este kata proviene de un templo budista cuyo nombre era Jion, donde se practicaban artes marciales, y que fue introducido por Sokon Matsumura y Anko Itosu.

Su significado o traducción como nombre antiguo puede ser 'templo budista de Jion', y el establecido en japonés 'amor y bondad'. De origen chino, aunque no se conoce con certeza, se cree que la forma antigua de Jion puede provenir del maestro Chibana de la escuela Kobayashi Shorin-ryu. Este maestro, al parecer, fue discípulo del maestro Itosu y se supone que aprendió los katas originales de su maestro. Algunos hablan y escriben sobre el Jion contemporáneo (?) y apuntan que las posiciones son más altas y los ataques de puños y las patadas son más altas. Y yo sigo insistente y reiterativo: ¿qué es eso del «Jion contemporáneo»?, ¿qué puñetas es eso? Un kata debe ser sagrado y nadie debe alterarlo, pues está cometiendo una profanación y una falta de respeto hacia los creadores. Yo podré adaptar varios bunkais propios y coherentes en su aplicación a cualquier kata, pero lo que jamás haría es alterar las posiciones, las técnicas y el embusen de un kata. Sin embargo, muchos «senséis», creyéndose grandes maestros y siendo alumnos de aquellos maestros antiguos, han ido alterando los katas originarios, y ahí tenemos la diferencia de un mismo kata entre el conjunto de estilos que existen en la actualidad.

Jion comprende las mismas técnicas de *sukui uke* que su homónimo Jitte. Se acometen varias y diferentes técnicas dobles y simultáneas de ambos brazos: *soto uke, kakiwake uke, doji uke, morote otoshi tetsui gedan, morote yoko uke, yoko heiko zuki, kosha uke*. Usa posiciones largas como el *kokutsu dachi* y *zenkutsu dachi*, y más cortas como *ayumi dachi, neko ashi, heiko dachi* y *kosha dachi*. Lo que considero más preciado de este kata es el encadenamiento central con *kosha dachi-kosha gedan uke, zenkutsu dachi-morote yoko barai, neko ashi dachi-kakiwake chudan uke, neko ashi dachi-kosha uke yodan, migi gedan barai, hidari gedan barai, migi uraken uchi*; una lucha cuerpo a cuerpo con infinidad de bunkais aplicables. El objetivo de este kata se centra en el trabajo de las distancias corta y media.

JIIN

Jiin

慈允

Este kata, como siempre de origen incierto, tercero de la trilogía de lo que llamo «las tres jotas» y que en nuestro estilo trabajamos en segundo lugar, lo practicaba y enseñaba el maestro Anko Itosu, aunque no se sabe a ciencia cierta quién fue su creador, suponiéndose que puede proceder, como siempre, de un templo shaolín o del monje Jion-Ji. El kata comienza con el mismo saludo que Jutte y Jion. Algunos afirman, sin llegar a un estudio profundo, que este kata es el más superior de la trilogía, con lo cual no estoy de acuerdo. Con estas afirmaciones se pone de manifiesto y una vez más se demuestra por qué el karate está tan fragmentado; hay muchos que todavía creen que su estilo es superior y que sus conocimientos históricos son los más auténticos y correctos.

Allá por los años setenta, en los primeros tiempos de la introducción del karate en España, el estilo predominante e influyente en nuestro país era Shotokan, y todo aquel que practicaba un estilo «inferior» era como aquel hermano pobre del karate. Tengo un ejemplo clarísimo y demoledor de lo que afirmo. Me examiné en los ochenta en Cádiz a través de la Federación Española de Karate. El tribunal de grados estaba compuesto por cuatro españoles y un japonés; yo no conocía a ninguno ni sabía a qué estilo pertenecían, pues ahora imagino y considero que era por entonces un neófito en esta disciplina. Cuando terminé el examen, cada uno de los miembros del tribunal levantó la tablilla de puntuación (por aquellos tiempos el tribunal sacaba una puntuación en unas tablillas y la enseñaba al público y al que se examinaba), me dieron el aprobado y la calificación más meritoria me la otorgó el integrante del tribunal de raza japonesa. Ningún miembro del tribunal tenía ni puñetera idea del kata que yo había ejecutado en el examen, excepto el personaje japonés. Más tarde, recuerdo que alguien me apuntó que el individuo japonés de aquel jurado era Jasunari Ishimi (Shito-ryu) o Yosuke Yamashita (Goju-ryu), pero no estoy muy seguro de esto porque no llegué a verificar este pormenor.

Los significados del kata pueden ser 'amor y sombra', 'piedad y sombra', 'en el terreno del templo' o 'sonido en el templo'. Este kata, como sus otros dos hermanos, comienza con puños cerrados a la altura de la barbilla (saludo de forma china). En su línea central repite las mismas técnicas de manos abiertas *(sukui uke)* que en sus dos homónimos Jutte y Jion. La característica más peculiar de este trío de katas en todo su conjunto es el repetido y porfiado trabajo de técnicas dobles de manos simultáneas, trabajo específico y trabajo propio de nuestro estilo. Pero, matizando, tengo que señalar que quizás lo más interesante del kata Jiin sean los desplazamientos y giros de 180° girando por la espalda en la posición abierta *shiko dachi* y golpeos simultáneos de *yoko uke barai* o *yoko tetsui uchi* seguidos de *sokumen chudan zuki* y *ken kagi zuki*, que obligan a poseer un potente asentamiento, coordinación y equilibrio. Por lo demás, este kata no contiene grandes primicias. Por supuesto que considero que Jion es muy superior técnicamente a Jutte y Jiin, pues conserva diferentes encadenamientos continuos de técnicas dobles y varios trabajos para un bunkai superior.

Los objetivos de Jiin proponen dos opciones: por una parte, técnicas y desplazamientos que suponen un combate de distancia media (los giros de 180°, *ren zuki, sukuis ukes, doji uke-kokutsu dachi, yodan uke-oi zuki*) y, por otra parte, otro combate distinto a distancia corta o defensa personal *(mae doji uke* y *kakiwake uke*, repetidos varias veces).

Está claro que estas técnicas y los encadenamientos de los diferentes katas de nuestro estilo sugieren una gran variedad de bunkais. Por lo tanto, no se puede afirmar con rotundidad con qué clase de combate y planteamiento se identifica tal o cual kata, pues según el bunkai que apliques, así será su finalidad.

En este preciso momento me llega al pensamiento una observación muy curiosa: nunca escuché a mi maestro hablar de Anko Itosu, de la historia del estilo de karate que practicábamos, de la historia del karate tradicional, de nada relacionado con otros estilos ni del significado de cada kata; sí hablaba algunas veces sobre algún que otro pasaje de su maestro Kitamura. Pero sabía transmitir muy bien todo aquello relacionado con el kumite técnico, duro y riguroso de un karate para la aplicación en un combate que se acercara a una realidad de defensa propia.

Tengo que explicar que mi maestro Akihiro Mieno (ya fallecido) no conocía ni tuvo nunca ninguna relación con la dirección de la Japan Karate-do Itosu-kai, o sea, Sadaaki Sakagami. Su maestro fue el senséi Kitamura, que sí estuvo relacionado con dicha asociación.

BASSAI DAI

Passai (Bassai Dai)

大（抜砦）

En el principio de este kata se introducen técnicas defensivas a nivel medio, con *morote uke*, *yoko uke* y *soto uke*, repitiendo varias veces estas defensas tan potentes, y en su parte media, varias defensas de *kaisho* intercalando un ataque de pierna, seguido de defensa en *wa uke*.

Tengo la necesidad de comentar esta técnica de defensa doble, pues hay mucha controversia con su interpretación. Algunas escuelas trabajan el *wa uke* como defensa doble envolvente y giratoria de ambos brazos, *mawashi uke* o *tomoe uke*, y en nuestro estilo Itosu-ha trabajamos esta técnica como doble parada de brazos en *age uke*, tomando el control del atacante. El kata sigue con una serie de *harai uke (gedan barai o gedan uke)* y otra serie de *awase zuki* (ataque doble de puños en vertical, cara y abdomen, que en otros estilos se hace en *yama zuki* dejando la cabeza entre ambos brazos atacantes, pero este *yama zuki* es un ataque que considero poco efectivo por la posición indefensa en que se encuentra nuestro cuerpo), seguidas de la defensa *furiste* (balanceo, también se puede denominar como *gedan kake uke)* y finalizando con técnicas defensivas de manos abiertas.

Su significado es 'ataque a la fortaleza', otros lo denominan como 'ocho fortalezas' y otros creen que Bassai puede ser el nombre de algún personaje. Los orígenes de este kata son confusos; sin embargo, hay algunos «investigadores» que se aventuran a relacionarlo con el boxeo chino porque, según ellos, el primer movimiento se asemeja al «boxeo del leopardo» (?) y otros movimientos del kata son más representativos del «boxeo del león» (?). De todas formas, parece ser que fue Anko Itosu el que lo difundió en Okinawa y a su vez se lo transfirió al maestro Funakoshi, el cual lo trasladó a Japón alterándolo a su propia manera y forma.

Es curioso y siempre me ha llamado la atención que en numerosas ocasiones en las que se diserta o se escribe sobre temas de katas y todo lo relacionado con su entorno, se aseguran los tiempos en que el kata tiene que realizarse. Y así tenemos que si el tiempo de realización de Bassai Dai es de 60 segundos, que si el de Gojushiho es de 105 segundos, y así a cada kata le van adjudicando un tiempo determinado. Esto es totalmente falso, pues un kata no tiene por qué tener un tiempo determinado. El kata durará el tiempo que aquel que la realiza considere que es el más idóneo a sus cualidades y características propias y a su propio estilo, siempre que el que la ejecuta sea un karateca con un cierto grado y nivel y conozca a fondo el trabajo que está realizando.

Si tenemos patente que cada estilo tiene su propia peculiaridad y diferentes maneras de trabajar y a veces las técnicas cambian con relación a otros katas, ¿por qué el tiempo de realización del kata tiene que ser el mismo? Dicha esta obviedad, está claro que el tiempo de realización de un kata no existe, quizás para la competición tenga algún sentido, pero eso es una realidad falsa y aparente.

BASSAI SHO

Passai (Bassai Sho)

小（抜砦）

Este kata Bassai Sho no tiene nada que ver con su homónimo Bassai Dai. Tiene un principio de técnicas defensivas de manos abiertas y de agarres y proyecciones, en este agarre defensivo con ambas manos. Algunos maestros explican esta técnica como una defensa ante una agresión con palo largo (bo), agarrándolo y desestabilizando o volteando al atacante. Esto sería muy difícil de llevarlo a cabo, puesto que esta defensa de manos abiertas nos podría fracturar las manos y los dedos. Mejor aplicación sería la defensa ante un ataque de puño a nivel alto frenando el antebrazo del adversario y proyectarlo en lanzamiento, también *migi yoko nagashi uke* y simultáneo *hidari nukite* a garganta *(nodo)* u ojos *(me)*. El kata sigue con ataques dobles de *heiko zukis*, los cuales en su bunkai se pueden reconvertir en acometidas simultáneas y combinadas. Algunas fases de este kata podrían incluirse en el apartado de defensa personal.

Su significado es 'penetrar en la fortaleza'; la sílaba *sho* significa 'pequeño, corto'. Fue establecido y transmitido por el maestro Itosu, tomando a Bassai Dai —según algunos— como referencia, por la semejanza de uno y otro embusen, aunque la ejecución de sus técnicas resulta totalmente diferente. En principio, este kata solo se trabaja en aquellos estilos próximos al maestro Anko Itosu. El kata relaciona un combate —tal como nos expresa su significado— en el cual intentamos entrar en la guardia del adversario empleando algunas técnicas de defensa personal *(te ryo sho kakiwake uke, mae geri*, giro 180°, *kakiwake uke*, doble ataque en *shiko dachi* de *yoko barai-kagi zuki chudan*, seguido de otras técnicas dobles).

Algunos siguen alegando que el kata sirve para defenderse de un palo, cosa que no comparto. Reitero, si haces una defensa a nivel *gedan* o *yodan* con tus manos abiertas, lo más probable es que te fractures algunos dedos, con lo que si el combate continúa estarías en desventaja.

NAIFANSHIN SHODAN

Naifanshin Shodan

初段（内歩進）

Debo explicar que no hay que confundir la sílaba *shin* con la sílaba diferente *chin*, que tiene prácticamente la misma fonética. *Shin* significa 'avanzar, progresar', mientras que *chin* significa 'ancestral, tranquilizar, preservación de la paz'. Por tanto, tenemos que el kata que nos ocupa se escribe Naifanshin, aunque algunos, o yo diría una mayoría, la escriben erróneamente y le colocan la sílaba *chin*, y otros la denominan Naihanchi.

El calificativo de Naifanshin en otros estilos (Tekki) hace referencia a la posición *naifanshin dachi (kiba dachi)* y su traducción literal puede ser 'paseo en progresión por el interior', pero como expongo durante toda esta obra, la historia del karate está cargada de inexactitudes y leyendas, por lo que la «traducción» de los katas puede adquirir tintes legendarios, rimbombantes y epopéyicos según el maestro o traductor. Otra definición de este kata puede ser 'batalla en el campo de arroz', lo que explicaría los variados desplazamientos laterales, únicos desplazamientos de este kata. Otra interpretación puede ser facilitada por la exclusiva posición *naifanshin (kiba dachi)*, que se adopta durante todo el kata, dándole el nombre de 'caballo de hierro'. Otra sería 'luchando sobre el terreno' y, quizás, 'enraizamiento en la tierra', y si seguimos quizás no terminaríamos de ponerle nombres a este kata. Algunos dicen que el kata parece que procede del Gongfu de China.

Al parecer, el maestro Matsumura transmitió a sus alumnos este kata, entre ellos al maestro Itosu, el cual se cree que fue el que realizó la transformación de este kata en los tres actuales, pasándolo seguidamente al maestro Gichin Funakoshi, que a su vez modificó su nombre a Tekki para así poder introducirlo en la sociedad japonesa allá por los años veinte del siglo pasado. Al parecer, el maestro Itosu nombraba este kata como «Kiba dachi no kata» y lo enseñaba antes de crear los Pinan. Al parecer, Itosu practicaba este kata incansablemente y en aquellos años el entrenamiento comenzaba con el kata Naifanshin. Bueno, si seguimos con las leyendas no acabaríamos de contar historias sobre este kata, pues existen muchas más. Según algunas leyendas, Funakoshi renombró este antiguo kata y puntualizó que estuvo aprendiéndolo y practicándolo tenazmente durante diez años.

Particularmente, yo me quedo con el significado de 'batalla en los campos de arroz', pues me recuerda al filme de Akira Kurazawa *Samurái*, que es una trilogía basada en la vida de Miyamoto Musashi, en la cual el famoso samurái Miyamoto disputa una batalla durante la noche en un campo de arroz, enfrentándose a numerosos enemigos y plantando batalla situándose en la parte alta de los cauces del arrozal, donde solo podía realizar desplazamientos laterales. Una gran película y una gran batalla apocalíptica, no falta de fantasía, que puede definir muy bien el kata Naifanshin.

Al parecer, Anko Itosu transformó el kata original y lo dividió en tres katas desiguales: Naifanshin Shodan, Naifanshin Nidan y Naifanshin Sandan. Unos le otorgan la interpretación de un combate donde existe una pared o un barranco a la espalda de uno de los contendientes y este no puede retroceder, así que se desplaza lateralmente.

Al parecer, este kata se entrenaba sobre algunas rocas resbaladizas, sobre pontones y también en barcazas para proporcionar un complemento del equilibrio y un poderoso asentamiento. Claro que si en ciertas zonas no existían ni rocas resbaladizas ni barcazas ni pontones, ¿cómo podían entrenarse?

NAIFANSHIN NIDAN

Naifanshin Nidan

二段（内歩進）

Segundo kata de esta trilogía. Su calificativo sigue siendo el mismo, 'batalla en los campos o en el campo de arroz'. Los desplazamientos laterales a ambos lados en la posición Naifanshin (Tekki) son idénticos al kata Naifanshin Shodan, solo varían las técnicas defensivas y de ataque del tren superior. El comienzo de este kata es único dentro de nuestros veintitrés katas, pues nos posicionamos en un *kamae* de combate de atención y vigilancia, aunque según el bunkai que se aplique puede tener otras adaptaciones, *migi sokumen chudan koto uke, hidari sokumen kagi zuki chudan* y otros. En otros estilos de karate, después de la esquiva de pierna *ashi nami-gaeshi*, realizan un fuerte *fumikomi*. Esta fue otra técnica introducida seguramente por Funakoshi, pues en el kata original de Anko Itosu no hay referencias de que se ejecutara esta técnica de *fumikomi*.

La batalla comienza con defensas ante patadas, *harai gedan ura ude uke* y *harai gedan uke*, y continúa con técnicas en distancias cortas con *sokumen morote uke* seguido de *sokumen yoko hiji ate, sokumen yoko shuto uke* y *ken kagi zuki*. Y como es habitual en estos tres katas, nos encontramos con la defensa simultánea doble *doji uke* (o ataque, según bunkai) y *yodan uraken uchi*, técnicas propias de la defensa personal.

NAIFANSHIN SANDAN

Naifanshin Sandan

三段（内歩進）

Este kata es el que entraña más dificultad de la serie Naifanshin por la sucesión de encadenamientos de defensas y ataques. Como los dos anteriores, simula un combate que se sitúa en una línea a ambos lados, izquierda y derecha, y también se adentra en una lucha a distancia corta hacia el frente y a los costados a nivel *chudan* con variados *renzokus* de *yoko uke, soto uke, uraken uchi, teisho otoshi-ken zuki chudan, uraken otoshi, doji uke, ude uke, gedan morote uke*. Este kata, como los dos katas anteriores, por sus características de encadenamientos más complejos en distancias cortas, admite un gran arsenal de posibilidades de trabajo en bunkais, por lo que considero que hay que poseer un buen nivel técnico y dedicarle un tiempo muy superior para dominar y sacar todo el partido que este fascinante kata posee.

El embusen de los tres Naifanshin es idéntico, o sea, una línea longitudinal a derecha e izquierda, y todas las técnicas que se realizan hacia la derecha se repiten hacia la izquierda.

ROHAI SHODAN

Itosu Rohai Shodan

初 段 (鷺 牌)

Su significado lo podemos transcribir como 'garza blanca', debido a la posición que se adopta en una de las secuencias del kata, con el apoyo de una sola pierna *(sagi ashi dachi* o *tsuru ashi dachi)*. El trabajo de este kata se caracteriza por sus técnicas muy primarias y efectivas, a excepción de las citadas técnicas dobles, *age shuto uke* y *harai shuto uke*, que acompañan al *sagi ashi dachi*. Otra de sus peculiaridades son las transiciones en sus movimientos, pasando por diferentes posiciones y recorridos en giros, que ayudan a potenciar el equilibrio y la resistencia en la musculatura del tren inferior. Si se observa, se comprobará que este kata también se realiza sobre una línea longitudinal a derecha e izquierda, aunque a veces se trabaje mirando al frente y otras mirando hacia atrás, pero siempre sin desviarse de esa línea lateral.

En su línea de inicio tenemos varias técnicas que pueden ser incluidas en la distancia corta o cuerpo a cuerpo, con varias aplicaciones en sus distintos bunkais. Y a propósito de estos katas antiguos, me vienen a la mente casos y cosas muy curiosas...

Una de las diversas razones por las que me decidí a escribir este libro, aparte de censurar errores, falsos mitos, desviaciones y absurdos que se vienen cometiendo desde hace décadas, y dentro de ese conjunto de reproches, es denunciar a aquellos que se autorizan y se acreditan como grandes conocedores de la historia del karate y que se adentran en explicar técnicas raras, fechas, datos o nombres raros rebuscados, que incluso se remontan a 1700. Estos escriben grandes mamotretos con nombres de la India y del norte y sur de China, y «descifran» pomposamente el significado de cualquiera de los kanjis, copiándose de escritos de aquí y de allá, escritos que a su vez también han sido copiados de no sé dónde o inventados. Desde el principio hasta la terminación de todos sus escritos, siempre suelen aparecer pertinazmente las fatídicas palabras «se desconoce quién fue el creador de tal o cual kata», «se desconoce cuándo pasó a Okinawa», «se dice que fue introducido por Sakugama o por fulanito, y no se conoce mucho más…», «la leyenda dice que este kata fue creado por un maestro de la antigüedad»… Y así miles de escritos sin base de nada, pero que «al parecer» le crean mucho prestigio al que lo lleva de la pluma al papel, y en la actualidad también lo llevan a Google, Instagram, YouTube y otros medios, dando el pego a neófitos y pipiolos.

La posición *sagi ashi dachi* o *tsuru ashi dachi* se puede adaptar a dos maneras de colocar la pierna que se eleva: unas escuelas la emplazan colocada sobre el interior de la rodilla contraria o de apoyo y otras escuelas colocan esa pierna recogida detrás de la pierna de apoyo. En nuestra escuela, nosotros dejamos que cada alumno tome la posición que más cómoda le sea. Recuerdo que hace muchos años, en un curso al cual asistí, alguien (un iluminado) me llamó la atención y quiso corregirme porque yo reposaba la pierna detrás de la corva de la pierna de apoyo; por supuesto, no le hice ni el más puñetero caso, y no lo mandé al carajo por cortesía. Todavía existe gente que cree que lo que ellos hacen es lo correcto, porque en su estilo o escuela así se lo ordenan, y no alcanzan a comprender que, por desgracia, en el llamado «karate moderno» coexisten demasiadas escuelas y muchos estilos, y cada uno trabaja a su manera.

ROHAI NIDAN

Itosu Rohai Nidan

二 段（鷺 牌）

Este kata, segundo kata dentro de la trilogía Rohai, no tiene ningún parentesco con sus otros dos hermanos y lo divido en dos partes bien diferenciadas. En la primera parte del kata nos encontramos con varios encadenamientos que van encaminados a la práctica de la defensa personal, ya que el karateca se adentra en un «combate» en la distancia corta con técnicas de *kake uke* en agarres y *giaku zukis* en corto, y asimismo varias técnicas dobles, tanto en ataque como en defensa, que se van repitiendo varias veces con gran variedad de ellas *(wa uke, tsukami uke, kake uke, morote uraken uchi, kosha uke, kakiwake chudan shuto uke, morote yodan ken zuki)*. Como se puede ver, la diversidad y el trabajo con las técnicas dobles son fecundos y muy interesantes, donde se pueden aplicar infinidad de bunkais si se detiene uno en profundizar y hacer un estudio de este antiguo kata. La segunda parte de este kata es mucho más simple y básica, pasando a ser técnicas básicas repetidas de ataque y defensa, como *yoko uke, gedan barai* y *zukis*, pasando a ser esta segunda parte una especie de *takioku* o kihon, con técnicas idóneas para un combate de distancia media, donde los ataques y defensas están obligados a desplazarse.

Las posiciones son características de nuestro estilo en Itosu-ha: *ayumi dachi, kosha dachi, neko ashi dachi, zenkutsu dachi* y *shiko dachi*. Aclaración: el *kakiwake uke* se puede realizar de cuatro diferentes formas, con las manos abiertas en *shuto*, con las manos abiertas en *haito*, con los puños cerrados en doble *yoko uke* y con los puños cerrados en doble *yoko ude uke* o *koto ude uke* con los dedos mirando al frente con defensa de escape.

Aunque todas estas series de técnicas se deben entrenar empleando otras muchas aplicaciones, este es un kata que considero muy técnico y al que personalmente le tengo gran consideración, pues le he dedicado muchísimas horas de entrenamiento y lo he practicado cientos de veces. Este kata está plagado de *yori ashi*, que junto al *hiki ashi*, son los dos desplazamientos más rápidos en cualquier combate y son fundamentales en las distancias media y corta. El *yori ashi* empleado con fuerza explosiva es un arma fundamental para conseguir superar un combate, pues tu oponente no tendrá oportunidad de reacción ante este *ashi* acompañado de una técnica de ataque.

ROHAI SANDAN

Itosu Rohai Sandan

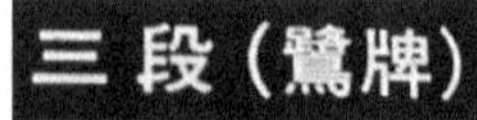

Este tercer kata de la serie Rohai no aporta grandes elementos con relación a los dos katas hermanos expuestos anteriormente. Contiene varias técnicas de defensa personal y combate a distancia corta, con *shuto, seiryuto chudan* o *yodan* y *teisho otoshi gedan*, con la aplicación de empujar al oponente (defensa o ataque), según circunstancias. También contiene alguna proyección o luxación de codo en giro de 180° y técnicas de *otoshi ken zuki, yoko barai, kake uke* y *giaku zuki*. Las posiciones siguen nuestra línea de Itosu-ha con el *kokutsu dachi* antiguo, *neko ashi, shiko dachi* y *zenkutsu dachi*. Los katas de esta trilogía comienzan con la misma posición de *shiko dachi* y *ryo sho ken koshi kamae*, seguido de *ryo te chudan shuto kakiwake uke*.

KUSHANKU DAI

Kushanku Dai

大（公相君）

Su creador es Anko Itosu, y sus significados, 'mirada al cielo grande', 'saludo al sol' o 'contemplando el cielo'. También puede ser denominado como «Itosu no Kushanku». Puede ser que fuera introducido en Okinawa por un enviado político o quizás un militar diestro en boxeo chino. El senséi Gichin Funakoshi lo renombró como Kanku, nombre japonés que significa 'mirada al cielo', primer movimiento de este kata, que para Funakoshi fue uno de sus katas preferidos. El hecho de que este kata viniese de China y pasase a Okinawa, llegando a manos de Anko Itosu, y después a Japón a través del senséi Funakoshi da pie a que recibiera varios nombres: Kanku Dai, Kushanku, Koshukun y Kanku a secas. El maestro Anko Itosu, al parecer, fragmentó este kata y así nacieron los cinco Pinan, según parece, para facilitar el aprendizaje en las escuelas. Sin embargo, hay otra creencia que dice lo contrario, que primero fueron los Pinan y de estos Itosu adaptó y creó el kata «Itosu no Kushanku». A juzgar por el conjunto de sus diferentes técnicas, algunas narraciones consideran que este kata representa una batalla contra ocho adversarios. ¿Y por qué no contra seis, diez o quince, ya puestos?

Este kata se ajusta a la manera de Anko Itosu y a la manera de trabajar de nuestro estilo Itosu-ha, con ataques rápidos, profundos y potentes. Las defensas intentamos que se apliquen con igual o más potencia que los ataques. Este kata no tiene ninguna técnica «lenta», a excepción de un par de *kamaes* en vigilancia y atención *ryo ken koshi kamae* y una posición de esquiva *(tai sabaki)* cayendo al suelo *(ryo sho tate fuse)*, que para mi manera de concebir el karate real, huelga en este kata y en otros que incluyen esta técnica o, mejor dicho, esta posición o esquiva poco práctica y rara, rebuscada y difícil de aplicar.

Este kata posee gran variedad de técnicas de manos abiertas, tanto de ataque como de defensa *(shutos ukes, shutos uchis, nukites chudan zuki, teisho otoshi osae uke, te kosha yodan uke)*, diferentes técnicas como *nidan geri, soto uke, hiza chudan yoko uke, kosha dachi, yodan uraken uchi, tetsui yoko barai, chudan mae empi uchi* y *harai otoshi tetsui uchi*, y una gran diversidad de encadenamientos con técnicas simultáneas dobles, convirtiéndolo en uno de los katas más notables y potentes dentro de nuestro estilo. Las posiciones siguen la línea Itosu-ha, con *kokutsu dachi* antiguo, *neko ashi dachi, zenkutsu dachi, kosha dachi, shiko dachi* y *heiko dachi*. La mayoría de las técnicas y posiciones son aplicables a un combate a distancia media, exceptuando alguna fase del kata donde se pueden aplicar técnicas de defensa personal, por lo que todos los bunkais de este profuso kata pueden desplegar decenas de horas en entrenamiento.

Uno de los encadenamientos más manifiestos de este kata es *yodan shuto uchi-mae geri*, caes en *kokutsu dachi, gedan barai-yodan uke*, sigues con *otoshi tetsui-heiko dachi-shokumen gedan-barai*. Y reitero, tanta variedad de encadenamientos de técnicas nos plantea gran variedad de bunkais y un estudio profundo e interesante.

KUSHANKU SHO

Kushanku Sho

小（抜砦）

Su significado es 'mirada al cielo pequeño'. Fue creado por el maestro Anko Itosu, según las crónicas, fundamentándose y tomando como referencia el kata Kushanku Dai (?). Es curioso cuando reparo en otros artículos de diferentes «cronistas» que dicen lo siguiente: «Antes de practicar Kushanku Sho, es primordial dominar Pinan o Heian Yodan y las técnicas del kata Kushanku Dai». Esta clase de escritos ayuda a que me reafirme en mis reprobaciones hacia aquellas personas que escriben o expresan noticias o enunciados como estos, sin ningún sentido. Es obvio y de Perogrullo que si vas a iniciarte en la práctica del kata Kushanku Sho, tienes que conocer y haber trabajado muchas veces el kata Pinan Yodan, ya que Pinan Yodan es un kata básico. ¿Cómo vas a trabajar un Kushanku si no dominas Pinan Yodan? Hay comentarios y escritos que sobran y que no tienen ninguna interpretación. Otros hablan y escriben a través de diversos medios y aseguran: «Es semejante a Kushanku Dai, pues el número de técnicas ofensivas y defensivas en los dos katas es casi el mismo». Y esto es totalmente incorrecto y disparatado, ¿de dónde deducen que un kata es semejante a otro?

En principio, Kushanku Sho no comienza con mirada al cielo, así que ¿cómo se le da el significado de 'mirada al cielo pequeño'? Y con relación al número de técnicas, son totalmente distintos, pues Kushanku Dai tiene setenta y cuatro secuencias o técnicas y Kushanku Sho solo tiene sesenta y cuatro. Por lo tanto, como se demuestra, no tiene ninguna semejanza con Kushanku Dai.

Entrando en la parte práctica de este kata, incluye la técnica de agarre *ryo sho tsukami kake uke* (agarre con ambas manos en *kake uke*, una mano apoyada sobre la otra), encadenamientos en distancia corta y simultáneos *tetsui yoko barai-otoshi ken zuki* y *tetsui uchi*, con un desplazamiento en *yori ashi*.

Otro encadenamiento muy interesante lo tenemos con otra forma de *ryo sho tsukami uke*. En este caso, agarre de muñeca y antebrazo o codo, seguido de *yori ashi* y *ura tsukami uchi*, empuje y retorcimiento del brazo del oponente o luxación de hombro, continuando con desplazamiento en giro de 180° y *neko ashi dachi* con *shuto uke*. Aquí también se repite el *tai sabaki* y la posición *ryo sho tate fuse*, pero en este caso el giro es de 360° y se ejecuta en salto. Y, como digo, esto de los saltos y caídas al suelo es muy bonito, pero poco recorrido tiene en su aplicación.

Otro de los encadenamientos a tener en cuenta puede ser posición *kokutsu dachi* antiguo, *doji uke (gedan barai-yoko uke* simultáneo), *heiko dachi sokumen yoko tetsui*, cambio de cadera y *zenkutsu dachi-giaku zuki*.

SHIHO KUSHANKU

Shiho Kushanku

（四方公相君）

Algunos «autores» dicen que su creador fue Anko Itosu; en nuestro estilo lo trabajamos y lo calificamos como un kata del maestro Itosu. Otros dicen que pudo ser obra de Kenwa Mabuni, alumno de Itosu. Este kata sí tiene todos los elementos de su homónimo Kushanku Dai, materialmente reproduce la mayoría de sus posiciones y técnicas, desde el comienzo con la mirada al cielo hasta su final con el *nidan geri*. Es curioso, porque este kata lo nombran como 'cuatro direcciones de Kushanku' y, sin embargo, su comienzo es con las manos abiertas por encima de la cabeza y con la mirada al cielo, y el kata Kushanku Sho no comienza con la mirada al cielo y le aplican el nombre de 'mirada al cielo pequeño'. No se entiende. También se dice que es una forma que solo se trabaja en Shito-ryu, y tampoco es cierto, pues nosotros en Itosu-ha la trabajamos habitualmente. Y no tiene cuarenta y dos movimientos, sino sesenta. Todo esto me da a entender que algunos «eruditos» del karate tendrían que estar mejor informados y consultar también en otras fuentes.

Lo más interesante de Shiho Kushanku es que el kata comienza con el *neko ashi-shuto uke* hacia la derecha y repite materialmente casi todos los pasos de Kushanku Dai, pero en diferente dirección y sentido, por lo que si conoces a fondo el kata originario, no te será nada difícil conseguir familiarizarte. Las aplicaciones técnicas (bunkais) de este kata son muy similares a las de Kushanku Dai, por lo que no es necesario ahondar en ellas.

CHINTE

Chintei, Chinte

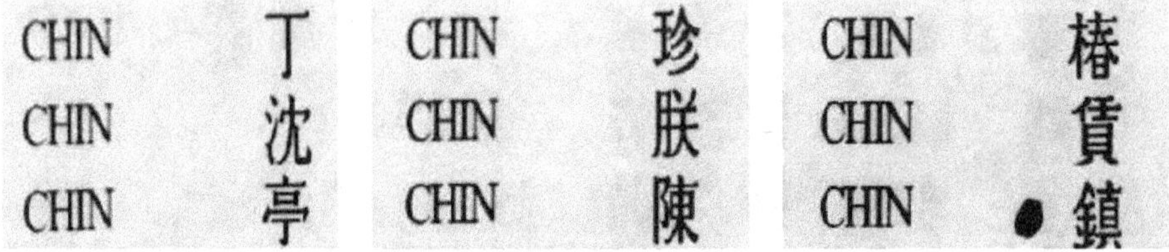

Si asumes el vocablo *Chintei*, la calificación de este kata podría ser 'establecer y preservar la paz', y si eliges el vocablo *Chinte*, la calificación podría ser 'establecer y fijar las manos'. Por otro lado, tenemos que el vocablo *chin* tiene nueve kanjis y cada uno tiene su propia definición, que son:

1. Calle, distrito, ciudad. 2. Sumergir. 3. Mansión, casa. 4. Extraño, curioso, raro. 5. Majestades, imperial. 6. Exhibir, establecer. 7. Camelia. 8. Tasa, sueldos. 9. Tranquilidad, preservar la paz y ancestral.

El kanji *tei* tiene nada menos que veintinueve definiciones y, por otra parte, el kanji *te* tiene tres definiciones. Por lo tanto, aquí consideramos que podemos confeccionar un enorme abanico de calificaciones, pero en el estilo Itosu-ha consideramos que los kanjis originales de este kata son los arriba reflejados en el gráfico.

Y de esta manera, a este kata —como a casi todos los katas— algunos lo renombran de varias maneras: 'manos de bambú', 'manos raras' o 'manos invencibles'. Y otro que ha escrito opinando en Internet sobre este kata, aún más osado, lo apoda a su manera y como le viene en gana, dándole una colección de calificativos: 'la mano que vence', 'mano de batalla', 'mano vencedora', 'manos invencibles', 'mano curiosa', 'mano misteriosa', 'mano rara', 'manos increíbles', 'misterio de la mano de bambú' y 'calma'. Este «analista» ha recopilado o, más bien, ha copiado algunos kanjis y se ha hecho un buen embrollo con todos ellos y al final ha elegido el que más le ha apetecido.

Este kata fue creado por Anko Itosu y, según algunas fuentes, proviene de China, aunque como siempre es un misterio, lo mismo que ocurre cuando se dice que Matsumura delegó en Itosu y este lo restauró a su manera creando esta versión actualizada de Chinte y, posteriormente, la transmitió a su alumno Kenwa Mabuni. Este es el único kata de nuestro estilo en el que usamos la técnica directa de puño *tate zuki*, que golpea sobre la otra mano abierta, y también trabaja la técnica de *nihon nukite*, que solo es característica y exclusiva de este kata.

Algunas personas hacen una apología de este kata y explican: «Esta antigua y eficaz técnica tiene la capacidad de poder impactar a través de la armadura de un samurái…, puesto que la energía de la técnica de impacto se transfiere desde la armadura al cuerpo, recibiendo esta onda expansiva que se distribuye por el cuerpo entero». Todos estos análisis y escritos suenan a fantasías de chinos, valga la similitud de donde proviene el kata. Bueno, aquí cada uno aporta su granito de arena, a ver quién cuenta más fantasías. Este kata tiene una curiosa forma —últimamente la han rectificado— de acabar su embusen en algún que otro estilo, con sus tres «saltitos incomprensibles y ridículos», para así poder acabar en el mismo sitio del comienzo. Algunos intentan dar sentido a estos tres saltitos, pero la realidad es esta: en los comienzos del karate en España se tenía la creencia de que los katas tenían que finalizar en el mismo punto de donde comenzaban. Así, como este kata termina más adelante de donde comienza y siguiendo esta premisa, todo aquel que hacía este kata lo terminaba con tres saltitos para poder situarse en el lugar exacto donde comenzaba.

Esta «anómala forma» desapareció porque es antinatural y ridícula, pues no es ni técnica ni desplazamiento lógico y sensato, pero todo esto era propiciado por aquellos estilos que predominaban por aquellos tiempos. Por tanto, **un kata jamás tiene por qué terminar donde comienza, terminará donde tenga que terminar por su embusen lógico.**

A veces me reitero y me siento embargado por emociones oscuras cuando leo copiados y escritos que parecen recogidos de cuentos de Tolkien; algunos escriben cosas como estas: «El último movimiento en retroceso de este kata pudiera interpretarse como un elemento táctico, es decir, golpear y retirarse cubriéndose rápidamente».Y yo le preguntaría a este señor que escribe esto en Google: ¿cómo se llama esa esquiva y qué sentido tiene esquivar saltando con los pies juntos y estirados? Hay quien aplica estos tres saltitos acompañados de una técnica de luxación de brazo o cuello, pero aun así sigue siendo una ingenuidad.

En su parte específica de combate, tenemos varias técnicas que nos adentran en el cuerpo a cuerpo o distancia corta con técnicas muy peculiares, ataques y defensas de *nihon nukite, tate zuki, otoshi ken zuki, hasami ken zuki, doji uke, te tsukami uke, mae hiza geri*. También gran cantidad de técnicas aplicadas para la distancia corta y media en defensa personal con el ataque a los ojos de *nihon nukite*, técnica que en nuestro estilo solo se encuentra en este kata, y la técnica de proyección cayendo en *kokutsu dachi*. En su conjunto, Chinte es un kata con un recorrido de treinta y seis secuencias, pero muy condensado en sus técnicas, con unos bunkais que necesitan un estudio profundo para aplicar las técnicas con efectividad.

CHINTO

Chinto

鎮　党

Al parecer, antiguamente este kata comprendía tres versiones, Tomari Chinto, Chinto de Kyan y Chinto de Itosu, pero actualmente se trabaja en dos versiones, la de Tomari, cuyo embusen de realización se ejecuta en una línea diagonal 45° izquierda hacia delante y atrás, y el Chinto de Itosu, que se realiza hacia el frente, en una línea de delante atrás. Del Chinto de Kyan no se tiene referencias, por tanto no se sabe qué embusen se realizaba.

Por muy profunda investigación que se haga sobre este kata, su procedencia, sus particularidades y su creador, no se llega a conocer nada sobre él, por eso no quiero añadir más leyendas ni fantasías de las que se escriben. Su traducción tiene tantas significaciones como las que han ido renombrando todos aquellos que se han atrevido a ponerle nombres: 'puño de los cinco ancestros', 'combatiendo al este', 'luchador del este'… Al pasar a Japón, Funakoshi le cambió el nombre y le puso Gankaku, que traducido significa 'la grulla sobre la roca'. Pero cogiendo como referencia los dos kanjis mostrados en el gráfico de arriba —*chin* significa 'tranquilizar, preservación de la paz, ancestral', y *to,* 'partido, facción'—, que cada uno le confiera la calificación que le apetezca. Partiendo de que el kata Gankaku es Chinto rebautizado, la interpretación de este kata por Shotokan es idéntica, a excepción de escasos y pequeños cambios, como los *mae geris* de Itosu-ha por los *yoko geris* de Shotokan, y algunas técnicas idénticas, pero que se realizan a diferentes niveles.

Siempre he manifestado, y estoy convencido de ello porque es innegable, que todos los katas deben ser de sencillo entendimiento y de fácil realización, pues en toda lucha lo que debe prevalecer es la efectividad y la facilidad de ejecución. Siempre me he hecho la pregunta de por qué todos los embusen de los katas son lineales y no híbridos en su recorrido, nunca hacen trayectos circulares, todos definen y dibujan líneas rectas.

¿Es que en todos los combates, luchas, peleas, refriegas y batallas, todas las rupturas y todas las transiciones son lineales?

Todas las preguntas, críticas, juicios y censuras que hago en esta obra vienen dados por la falta de información y el poco conocimiento sobre los comienzos del karate, y por eso mismo analizo fríamente todos los datos y solo cosecho los que verdaderamente dan cierta credibilidad. Hay un dicho español que dice: «Ver para creer». Me apunto a ese dicho, pues si no veo, no creo.

Siguiendo con el kata Chinto, tengo que decir que este kata ni es fácil de realizar técnicamente ni es fácil de ejecutar posicionalmente en sus posibles bunkais. Tiene giros y posiciones casi imposibles y dirigidos, al parecer, a personas muy preparadas físicamente y a verdaderos atletas, o sea, **es un kata provechoso para competidores de alto nivel.** Cuenta con múltiples *sagi ashi dachi*, múltiples giros y complejas patadas desde la posición a una sola pierna. Este kata debía llamarse «lucha en el callejón angosto», y perdón por la ironía.

Lo dicho, según mi criterio, para que lo dominen medianamente y lo ejecuten relativamente bien, este kata se puede enseñar a gente con un elevado nivel técnico, una gran forma física y unas condiciones estimables de coordinación y flexibilidad. Usa técnicas de manos abiertas, *tsukami uke te kosha uke*, posiciones en *kokutsu dachi*, *tsuru ashi dachi*, *neko ashi*, *hiza fuse otoshi* (rodilla en tierra).

Este kata se trabaja en Itosu-ha, pero no lo tenemos como esencial, ni con exigencias técnicas (casi andando). Dentro de sus bunkais, trabajamos algunas técnicas como *kosha uke*, *te kosha uke* (misma técnica que en Godan) y todo lo que concierne a la distancia corta. En realidad, la mayoría de las técnicas de este kata van encaminadas a la defensa personal.

WANSHU

Wanshu

腕 秀

Este kata, al parecer, fue transmitido desde Okinawa por el Tomarite y su procedencia puede ser China, ya que todos los katas antiguos se relacionan con su origen chino. Se caracteriza por cambios rápidos de ritmo y una mayoría de técnicas a distancia corta, técnicas de agarre.

La traducción o calificación de este kata la podemos descifrar a través de sus dos kanjis, que están representados en el dibujo. El primer kanji significa 'brazo' y el segundo kanji significa 'excelencia, belleza o sobrepasar', o sea, que lo más probable es que la traducción más sensata sea 'brazo excelente', pues ninguno de los demás renombres tiene ningún sentido.

Este kata puede ser perfectamente familia del kata Chinte, pues la similitud en la mayoría de las técnicas entre ambos es notoria: el comienzo con ambos puños sobre el pecho en ambos katas, técnicas repetidas de *chudan shuto uke* en *neko ashi*, el *shuto soto chudan uke* (que en Chinte se hace esta defensa con puño cerrado), *kokutsu dachi* con *ken doji uke*. Aquí se repiten los *kake uke*, los *giakus zukis* y los *harai uke* en las posiciones *neko ashi* y *kosha dachi,* en unos encadenamientos muy relevantes para reproducirlos en distintos y variados bunkais. Otro encadenamiento interesante lo tenemos en el principio del kata, con *harai uke-haito chudan uke* (misma mano), *uraken uchi* sobre la palma de la mano del *haito, oi zuki* y *giaku zuki*. Otro encadenamiento parecido y valioso es *harai uke-giaku shuto chudan uke* (palma hacia dentro), *doji uke (yoko uke* y *gedan barai* simultáneos), *kokutsu dachi gedan barai*.

Algunos pasajes de este kata los podemos trasladar a la defensa personal *(goshin)*, pero la mayoría de sus técnicas se encuadran en la distancia media, aunque las posiciones sean cortas con sus *nekos ashi dachi*.

Cosa curiosa de los katas Chinte y Wanshu es el comienzo y salida de ambos katas con los puños sobre el pecho, puño derecho sobre puño izquierdo, postura o *kamae* que nunca he visto aplicar de forma «real y positiva», pues algunos hacen de esta posición o *kamae* unas aplicaciones rarísimas y de muy poca credibilidad. Aunque yo tengo mi personal versión de aplicación, claro que alguien quizás me lo podría comentar contando cualquier historia novelesca, pero si alguien me lo pudiera esclarecer con un verosímil argumento y unas técnicas creíbles, le estaría muy agradecido. Aunque, como digo, tengo mi propia aplicación.

Antes de continuar, deseo aclarar —aunque el lector lo habrá advertido— que no he querido en ningún momento representar o simbolizar ninguno de los katas de nuestro estilo diciendo que tal o cual kata «se asemeja a la lucha de una mantis contra un lagarto», que «la garza lucha contra la cobra» o que «el samurái combate contra seis adversarios bajo la tempestad». Existen algunos escritos sobre artes marciales donde se dice que tal o cual kata se parece a la lucha del tigre, grulla u otro animal. El tigre lucha a dentelladas y con sus garras; el ser humano ni tiene colmillos tan grandes ni las garras de un tigre. Por tanto, no hay similitud alguna. Hay que ser muy ingenuo para escribir un mamotreto sobre estas leyendas y cuentos, fruto de mentes infantiles. Todos los katas hay que valorarlos por la enseñanza que transmiten a través de sus técnicas y por el desarrollo de los bunkais contenidos en el propio kata. Si todo esto fuese cierto, pensaría que esos luchadores o samuráis de aquellos tiempos eran unos niños ingenuos o tontos creyendo en todas esas fantasías del ataque del tigre y del agarre de la mantis…

Este kata fue desarrollado por Anko Itosu y, al parecer, su denominación procede de un hombre chino diplomático, marinero o militar —quién sabe—, llamado Wanshu. Por lo que cuentan, quizás pueda ser el kata más antiguo de Okinawa. Cuando Funakoshi se trasladó a Japón, le cambió el nombre y lo renombró como Empi, cambiando también parte de sus técnicas. En el estilo Itosu-ha realizamos Itosu Wanshu, que no tiene nada que ver con el kata Empi.

El autor y sus alumnos del estilo Itosu-ha

GOJUSHIHO

Gojushiho

Este kata aparece en datos de Gichin Funakoshi con los kanjis arriba indicados y significa 'cincuenta y cuatro pasos'. Es curioso porque al parecer su nombre antiguo era otro, pero cada uno lo escribe a su manera: Usheishi, Sushiho, Useshi, Uesheishi… ¿En qué quedamos? Otros dicen que Gojushiho en japonés significa 'los cincuenta y cuatro pasos del tigre negro'. Compañero, seas karateca o no, ¿de dónde has sacado esto del tigre negro, si en los kanjis del kata no existe nada sobre tigres negros? Y si alguien que lea este libro quiere argumentar sobre algo con lo que no esté de acuerdo, por favor, que la réplica esté fundamentada en hechos reales y demostrables, y no en historias y leyendas inmateriales, apócrifas y fantasiosas.

El kanji de *tigre* es este: Y el kanji de *negro* es este:

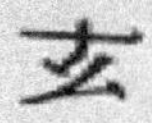

Lo dicho, aquí cada uno ha puesto su granito de arena para colocarse alguna medalla, y lo que consiguen es enredar al personal.

Este es el kata más avanzado de Itosu-ha. Al parecer, Sokon Matsumura se lo transmitió a Anko Itosu y Funakoshi lo renombró como Hotaku, cuyo significado, según parece, es 'pájaro carpintero', aunque este nombre no perduró. No obstante, quizás este nombre sea el más adecuado, pues se puede figurar como el continuo picoteo del pájaro carpintero (técnicas reiterativas de *nukite chudan*).

En el desarrollo de este kata predominan técnicas de manos abiertas como la defensa en *shuto uke* o *haishu uke*, con apoyo de la otra mano bajo el codo de la que defiende *(morote, hidari te otoshi-migi te shuto yoko chudan)*. Cuenta con varias secuencias de *nukite* en avances en *yori ashi*, técnicas de agarres y lanzamientos, defensas en *ura shuto chudan*, *kake uke* y *haitos gedan uke*. En definitiva, es un kata prolífero en técnicas avanzadas y técnicas de *kaisho* que requiere un gran entrenamiento de bunkais, siendo el kata más representativo de nuestro estilo.

Infantiles y juveniles trabajando katas Itosu-ha

Las distancias en el combate *(ma-ai)*

Algunos analistas, profesores y senséis definen y clasifican en varias las distancias en combate según sus criterios particulares. Yo las reduzco a tres basándome en la lógica: **larga, media y corta.**

Siempre suelo poner como ejemplo las luces de un semáforo: verde (larga), ámbar o naranja (media) y roja (corta). Cuando mis alumnos hacen *jyu kumite* y aplico este sistema del semáforo, funcionan de la siguiente manera. A la voz de «¡verde!», los combatientes se alejan uno de otro a una distancia larga donde no se pueden alcanzar al lanzar una técnica de puño o pierna. A la voz comando de «¡ámbar!», los combatientes se acercan a la distancia media, que sería la más normal empleada en un combate, en la que los contendientes están al alcance uno de otro con solo lanzar un ataque espontáneo, adoptando una actitud expectativa y alerta ante el inminente choque. A la voz de «¡roja!», los adversarios avanzan y pasan a la distancia corta, lanzándose al ataque e intercambiando golpes y técnicas variadas, casi en el cuerpo a cuerpo. Durante el combate y según mis nuevos comandos, voy cambiando el orden de las distancias según mi criterio.

La **distancia larga** sería aplicable en el supuesto de que suframos un ataque con un palo o un arma blanca. La precaución sería extrema y tendríamos dos opciones: optar por la retirada o huida si nos fuera posible o esperar una oportunidad con la cual obtuviéramos alguna ventaja para así poder repeler la agresión.

La **distancia media** es la más habitual y la que requiere la máxima atención, ya que nos encontramos al alcance del agresor, al igual que nuestro contraataque o anticipación pueden ser efectivos. En esta distancia también tenemos la posibilidad de pasar a la distancia larga si fuese posible y así tomarnos unos instantes de respiro si ese combate se prolongara.

En esta distancia podríamos hablar sobre el llamado *sen no sen* (anticiparse al movimiento o a un ataque), que consiste en adoptar un comportamiento avizor o anticipado para, a la menor actitud belicosa, hacer una acción defensiva, o sea, detener un ataque con otro ataque o con una defensa agresiva que rompa este asalto. Y también debemos comentar el también llamado *go no sen*, que se trata de interceptar una agresión mediante una técnica de defensa y de inmediato contraatacar.

La **distancia corta** es aquella en la que nuestras extremidades (armas de combate) no llegan a efectuar su total elongación, ya sean defensas o ataques. En esta distancia entramos en la dimensión de la llamada defensa personal o *goshin jutsu: go* significa 'protección', *shin* es 'uno mismo, persona' y *jutsu* significa 'técnica', o sea, 'técnicas de protección de uno mismo'. En esta distancia se puede entrar en diferentes situaciones de proximidad y podemos desplegar defensas cortas como el *soto uke, kake uke, tekubi kake uke, nagashi uke, mawashi uke* y otras, y ataques cortos como *ura zuki, kagi zuki, enpi uchi, koken uchi, teisho uchi, otoshi* y otros.

Desde esta corta distancia tenemos la posibilidad de emplear técnicas de *nage waza, ashi waza, kansetsu waza*, etc., técnicas de agarre y otras.

Y deteniéndome, siempre me hago una pregunta y reflexiono: ¿es que el karate en todo su conjunto no es defensa personal?, ¿por qué se han inventado un apartado al que han llamado *goshin* y han adoptado un uniforme, unos grados y unos técnicos que imparten este raro *goshin*? Y también pregunto: señores, según ustedes, ¿dónde queda el ancestral «arte suave» del *ju-jutsu*, al que respeto y admiro por su amplia variedad de sistemas de combate, y cuyos apartados técnicos se han desarrollado durante siglos?

Alguien que, por lo que escribe, creo que sabe bastante de karate y de lo que habla publicó en Internet no hace mucho un artículo que se titulaba «Sabiduría del pasado», y me he permitido la osadía de plasmar en este mi libro un pequeño trozo de ese artículo:

> *Este tipo de técnicas no son solo propias del ju-jutsu, del judo o del aikido. Indudablemente, siempre han formado parte del karate ¡porque están en los katas!, pero desgraciadamente el karate moderno entiende poco de esto, y prueba de ello es que surgen disciplinas sin ningún rigor serio ni versado como ese goshin mal copiado y falto de sus elementos originales y en un absurdo intento por dotar al karate de algo que ya tiene.*

No voy a reiterarme más sobre este tema, porque no merece la pena. Solo quiero apuntar que todas las técnicas que enseñan estos «profesores» están todas contenidas y las entrenamos en nuestros katas de karate Itosu-ha. Por tanto, apartar estas técnicas de karate para formar un grupo de ellas y llamarlas «sección de *goshin*» o «el arte marcial del *goshin*» es una broma.

Siguiendo con la distancia corta en combate, en esta nos encontramos con el *nage waza* y *kansetsu waza*, grupo de técnicas encaminadas hacia las proyecciones, segados y derribos. En este apartado también tenemos el conjunto de técnicas de llaves y luxaciones. Estas técnicas están lejos de usarse en el llamado karate deportivo, ya que están prohibidas en esta modalidad.

Los desplazamientos (*ashi waza*)

Como en casi todas las disciplinas de combate, los desplazamientos requieren de un gran entrenamiento y forma física y ocupan una parte muy importante del combate. El hecho de desplazarse con habilidad y rapidez nos da una mayor protección ante el peligro de un ataque o agresión. Tengo un dicho que se lo repito continuamente a mis alumnos: «En combate es mejor ser una diana móvil que estática».

Divido en ocho direcciones los posibles desplazamientos en combate:

- Al frente, *oi ashi*.
- Atrás, *hiki ashi* o *ushiro ashi*.
- Al costado izquierdo, *hidari yoko ashi*.
- Al costado derecho, *migi yoko ashi*.
- Diagonal atrás izquierda, *naname hidari ushiro ashi*.
- Diagonal atrás derecha, *naname migi ushiro ashi*.
- Diagonal delante izquierda, *naname hidari mae ashi*.
- Diagonal delante derecha, *naname migi mae ashi*.

En un combate (kumite), estos desplazamientos se ejecutan según las necesidades estratégicas y, en ocasiones, obligados por los ataques y las circunstancias estratégicas nuestras y del adversario.

Las esquivas *(tai sabaki waza)*, escapes *(hazushi waza)* y controles *(katame waza)*

Las esquivas podrían ser parte de los *uke waza*, pues tienen el mismo propósito, evitar que una agresión llegue a su objetivo mediante una finta o amago, desviándonos de la trayectoria de una acometida mediante una desviación con alguna parte de nuestro cuerpo. Las esquivas también nos pueden dar una oportunidad para realizar un contraataque efectivo o para ocupar una posición ventajosa si buscamos un desplazamiento hacia la parte lateral o la espalda del adversario.

Los agarres de nuestro oponente son otra forma de aprovechar nuestro *uke waza*, y el objetivo se centra en desembarazarnos de su agarre, ya sea en desplazamiento acompañado de alguna técnica adicional o desplazamiento aplicando alguna técnica disuasoria de escape.

*Técnica defensiva de hidari soto uchi uke, disuasoria ante
un agarre al cuello*

También entrenamos los bloqueos, pero estos van dirigidos a destruir la fuerza de la agresión con tu propia fuerza y aquí consumiremos mucha energía, a diferencia de las esquivas. Los bloqueos son técnicas de *uke* que se pueden convertir en ataques muy eficaces, siempre que podamos anticiparnos al ataque del adversario. Por ejemplo, un *age* o *soto uke* se pueden modificar y convertirlos en unos ataques si nos anticipamos al momento de la agresión *(sen no sen)*.

Esquivas ante un mawashi zuki

Llegar a dominar las técnicas de esquivas y bloqueos requiere un riguroso entrenamiento y muchísima práctica, y también un total conocimiento de las diferentes distancias del combate en karate.

Ataques ineficaces y erróneos

Unas veces, o mejor dicho en frecuentes ocasiones, observamos cómo karatecas veteranos, a la hora de trabajar el kumite, malgastan parte de su energía en lanzar y lanzar técnicas de ataque sin ton ni son y sin ninguna estrategia ni imaginación, por mucho que se les corrija y se les explique que los ataques deben terminar con técnicas efectivas en las cuales el adversario se vea en la necesidad de emplearse a fondo para poder frenar o desviar ese ataque. Esos errores pueden tener su procedencia en la falta de seguridad del atacante, en la falta de forma física, en la falta de decisión, en el temor a una lesión o en la falta de nivel.

En los que clasifico como ataques erróneos, también observamos que a veces cuando se trabajan técnicas de *renzoku waza* se cometen errores de coordinación entre las diferentes secuencias técnicas. Veamos algunos ejemplos. No tiene sentido golpear con *mae geri* y continuar con *giaku zuki*, o defender con *yodan uke* y contraatacar con *nidan geri*; sin embargo, he observado *renzokus* parecidos en personas que se estaban examinando para cinto negro a través de algún estamento oficial y se han calificado como aptos por ese tribunal considerado «competente» para enjuiciar y presidir una mesa.

Por lo tanto, considero que estas técnicas erróneas de combate siguen cometiéndose y que se les presta muy poca atención por parte de algunos profesores. La distancia de contacto hay que trabajarla dándole gran importancia, pues ahí radica una de las claves de un combate. Estas técnicas erróneas hacen que el luchador derroche energía inútilmente, perdiendo gran capacidad física durante la lucha.

Ataques erróneos y sin distancia

La postura, la guardia *(kamae)*

La postura o guardia en las disciplinas de combate la podemos definir como la forma de ponerse o posicionarse frente a un adversario, procurando adoptar la posición ortodoxa en la que se encuentre más cómodo para poder contrarrestar los ataques del adversario y, al mismo tiempo, salir rápido en ataque. Esa guardia también intentará proteger lo que consideremos como nuestros puntos más vulnerables. Según un diccionario deportivo, **la definición de luchador ortodoxo es: «Luchador que, al enfrentarse al oponente, su mano izquierda es la que está adelantada, mientras que la derecha se mantiene atrasada».**

Ni que decir tiene que nadie debe establecer ni obligar a un alumno o practicante de cualquier disciplina de combate a que adopte tal o cual postura o guardia, pues lo estaría forzando a adoptar una posición de combate ajena a su personalidad y naturaleza en combate.

Una postura *(kamae)* ortodoxa es una forma de posicionamiento de pies y manos en deportes de combate que habitualmente se adopta al comienzo de una lucha o pelea, como en el boxeo, karate y otras disciplinas marciales.

Una postura tradicional y ortodoxa en los deportes de combate o disciplinas marciales de luchadores diestros es aquella en la que el luchador coloca su pie izquierdo más adelantado que el derecho, teniendo su lado más débil cerca del oponente. Esta posición o postura favorece el lado más fuerte, o sea, el derecho, y es una de las más utilizadas mayoritariamente por los diestros. Por el contrario, si el luchador es zurdo colocará su pie derecho más adelantado.

Tener una postura de diestro significa pararse con el pie izquierdo adelantado y el pie derecho atrás. Tener una postura de zurdo significa tener el pie derecho al frente y el izquierdo atrás. La razón de esto es que la mano que está atrás tiene más distancia para dar un golpe más potente, mientras que la mano del frente está para lanzar *oi zukis* o *tate zukis* (karate), o *jabs* (boxeo) más rápidos para preparar algún golpe definitivo o mucho más potente. Por tanto, los luchadores diestros pondrán izquierda delante (velocidad y poca potencia) y derecha atrás (menos velocidad y mucha más potencia). Y, como es obvio, con los zurdos pasa todo lo contrario.

Guardia ortodoxa de un diestro

Masahiko Tanaka   *Keigo Abe*

Guardia ortodoxa de un diestro

Guardia ortodoxa de dos karatecas zurdos

Guardia ortodoxa de karatecas diestros   Bruce Lee aquí adopta guardia de un diestro

Como cosa curiosa y según se cuenta, Bruce Lee, que fue en su momento el gran impulsor de las artes marciales de nuestro tiempo, comentó: **«La gente debe pelear según la manera de cada uno».** Y yo me pregunto: ¿por qué hay practicantes de esta disciplina copiando su postura de zurdo sin ser zurdos?

Estos peleadores que por diferentes razones cambian su guardia y su mano débil la tienen muy por detrás, con el tiempo, se convierten en luchadores de un solo brazo y utilizan su mano fuerte para lanzar *oi zukis* o *tates zukis (jabs)*. Es una pérdida de energía.

En este aspecto, siempre he confirmado este dogma realizando una prueba a los alumnos principiantes. Al alumno principiante que llega por primera vez al dojo y nunca ha practicado una disciplina de combate, le digo: **«Por favor, adopta una posición de combate en la que te encuentres cómodo».** Y el alumno aprendiz adopta a su aire una posición natural y ortodoxa según sus características físicas. Si pone la pierna izquierda adelantada, ya sé que es diestro, y si coloca la derecha delante, ya sé que es zurdo. El noventa por ciento de estas pruebas avalan esta máxima. No obstante, un luchador es muy libre de poder modificar su guardia habitual siempre que haya entrenado esta particularidad y domine esos cambios de posición.

La mirada (*chakugan*)

El kanji *chakugan* significa 'mirada o visión' y hace referencia a fijarse en el objetivo (adversario) con la mayor decisión. La mirada debe abarcar el objetivo y todo su entorno, y solo debe expresar las ganas de vencer; no debe reflejar ninguna actitud que denote las posibles intenciones de estrategia o intimidación.

Todo combate comienza y acaba con la mirada. En el comienzo, mediante la mirada se evalúa la situación en la que nos encontramos y, a continuación e instintivamente, decidimos cuál será nuestra táctica. Esto de la táctica o la estrategia lo enfoco hacia luchadores que no combatan sin ton ni son, ya que una mayoría comienza sus combates con la mente en blanco y salga lo que salga, pues no son capaces de valorar ni detectar las virtudes y los defectos de su oponente para así actuar en consecuencia. Una vez finalizado cada combate, debemos analizar si nuestra estrategia ha sido correcta o no. Hay frases que se repiten continuamente en alguna de las etapas de nuestra vida después de haber acabado cualquier tarea o asunto: «Debería haber hecho otra cosa», «Debería haber hecho esto o aquello otro», «Me he equivocado, he tomado la decisión equivocada», etc.

Encadenamientos, técnicas combinadas (*renzoku waza*)

En cualquiera de las disciplinas de combate y, en este caso, en el arte marcial del karate, el combate (kumite) se plantea como una partida de ajedrez entre dos adversarios, y todo combate debería tener su estrategia o táctica. No debes comenzar una confrontación sin evaluar tus ventajas y tus inferioridades.

Por supuesto, si te tienes que enfrentar a un rival desconocido, tendrás que ir evaluando a lo largo del combate las características del adversario, sus puntos fuertes y débiles y las posibilidades de hacerle frente con garantía de vencer. Aquí la estrategia tendrá que ir cambiando en razón de cómo se vaya desarrollando el combate.

Si el adversario nos es conocido, podemos plantear nuestra estrategia de combate con anterioridad y tener nuestras «armas» preparadas. En definitiva, tenemos que en el *jyu kumite* o en el *shiai kumite* nada está planificado de antemano entre ambos contendientes.

Por el contrario, en el trabajo de *renzoku waza*, que lo trabajamos y encasillamos como técnicas de kihon, y con el objetivo de perfeccionar los encadenamientos intentando simplificar y adoptar las defensas y ataques más directos, eficaces y reales, sí lo podemos planificar, pues lo trabajamos sin compañero y tenemos la posibilidad de esbozar algunos encadenamientos que sean de nuestro repertorio.

A través de tantos y largos años de experiencia, me he encontrado con infinidad de procedimientos de trabajo de *renzoku* y *renraku*, aunque yo no diferencio uno de otro, pues en definitiva estas dos formas —aunque yo las considere una sola— llevan a un mismo sitio y significan lo mismo.

En este apartado, el alumno puede trabajar solo, elaborando sus propios encadenamientos, o con el comando del profesor y con el encadenamiento que este haya establecido. Cuando mis alumnos entrenan *renzoku waza* lo hacen como norma general empleando tres técnicas como máximo, técnicas muy directas y efectivas, sin entrar los encadenamientos en evoluciones y técnicas ineficaces.

Como es sabido, el maestro Anko Itosu (Shuri-te) —con matices sociales y humanos, como evolución, física, respeto hacia los demás, compañerismo, etc.; en definitiva, ética— tenía la premisa en su registro de preferencias el *ikken hissatsu*, que significa matar de un solo golpe, término usado en el karate tradicional, es decir, la acción de inutilizar al oponente con un solo golpe.

A pesar de esta premisa, el maestro Anko Itosu no «promocionaba» el *ikken hissatsu*, pues tenía como objetivo principal elevar el karate al rango de disciplina marcial importantísima e introducirlo en todas las escuelas de Okinawa, difundiendo los beneficios de la práctica de este arte marcial a través de todo el territorio okinawense.

Nuestros infantiles realizando katas Itosu-ha

LOS DIEZ PRECEPTOS DE ANKO ITOSU

1.- El karate no se practica solamente para tu propio beneficio; puede ser utilizado para proteger a tu familia o a tu maestro. No está ideado para ser utilizado contra un solo atacante sino en lugar de eso como una forma de evitar ser herido utilizando las manos y los pies si en alguna ocasión tuviésemos que hacer frente a un villano o rufián.

2.- El propósito del Karate es hacer los músculos y los huesos duros como la roca y utilizar las manos y las piernas como lanzas. Si los niños empezaran a entrenar con naturalidad en la destreza militar mientras están en la escuela elemental, entonces serían idóneos para ser fuertes y guerreros. Recuerden las palabras atribuidas al Duque de Wellington tras derrotar a napoleón. *"La batalla de hoy se ganó en los campos de juego de nuestras escuelas"*.

3.- El karate no puede aprenderse rápidamente. Como un toro que se mueve despacio, al final viaja mil leguas. Si uno entrena diligentemente durante una o dos horas cada día, en tres o cuatro años verá un cambio en su físico. Aquellos que entrenen de esta manera descubrirán los principios profundos del Karate.

4.- En Karate, el entrenamiento de las manos y pies es importante, así que deberías entrenar rigurosamente con un fajo de paja. Para hacer esto, deja caer los hombros, abre los pulmones, acumula tu fuerza, agarra el suelo con los pies, y concentra tu energía en el bajo abdomen. Practica utilizando cada brazo de cien a doscientas veces al día.

5.- Cuando practiques las posiciones de Karate, asegúrate de mantener la espalda recta, bajar los hombros, poner fuerza en las piernas, permanecer firme, y dejar caer la energía al bajo abdomen.

6.- Practica cada técnica de Karate repetidamente. Aprende bien las explicaciones de cada técnica, y decide cuando y de que manera aplicarlas cuando sea necesario. Entrar, contrarrestar, retirarse es la regla para *torite*.

7.- Debes decidir si el karate es para tu salud o para ayudar en tu deber.

8.- Cuando entrenes, hazlo como si estuvieras en el campo de batalla. Tus ojos deberían brillar, los hombros dejarse caer, y el cuerpo endurecerse. Deberías entrenar siempre con intensidad y espíritu como si estuvieras realmente enfrentándote al enemigo, y de esta forma estarás naturalmente preparado.

9.- Si consumes tu fuerza en exceso en el entrenamiento de Karate, esto hará que pierdas la energía de tu bajo abdomen y será perjudicial para tu cuerpo. Tu cara y tus ojos se volverán rojos. Se cuidadoso para controlar tu entrenamiento.

10.- En el pasado, muchos maestros de karate han disfrutado largas vidas. El Karate ayuda a desarrollar huesos y músculos. Ayuda a la digestión así como a la circulación. Si el Karate fuese introducido, empezando en las escuelas elementales, entonces produciremos muchos hombres capaces cada uno de ellos de derrotar a diez asaltantes.

Anko Itosu, Octubre 1908

Karate tradicional, karate deportivo

En alguna época de mi vida como karateca, participé en alguna que otra competición *open* —en pocas—, pero al no estar muy de acuerdo con esta modalidad deportiva, pues no encaja con mis principios, no seguí con aquello. También lo dejé por la gran carencia de ingredientes y factores que se alejan de los preceptos del famoso Do. Además, ya no tenía una edad adecuada para esos ajetreos.

Como se puede intuir, a lo largo de tantos años he asistido como espectador a un sinnúmero de certámenes —aunque sea totalmente antagonista a ellos—, campeonatos autonómicos y de España, campeonatos del mundo y otros.

Más de una vez he visto ganar un combate con solo un *giaku zuki*, eso lo dice todo sobre las deficiencias del llamado «karate de competición o deportivo». Con relación al apartado de la competición de katas, he constatado que competidores con un buen nivel técnico no tenían ni puñetera idea de las aplicaciones (bunkai) de las técnicas que hacían en el kata y presentaban en esa competición. Y si nos referimos a aquellas competiciones establecidas para los pequeños, ahí sí que me reafirmo en la negatividad de la competición o karate deportivo.

¿Cómo es posible que veamos a un niño realizando un kata con unas «técnicas magníficas», unos *shiko dachis* perfectos, *shutos* pulcros, encadenamientos impecables y, en definitiva, un trabajo óptimo y, sin embargo, no tengan la más remota idea de para qué sirven ni qué aplicación tienen esos movimientos tan primorosos? Pero eso no tiene ninguna importancia, el profesor de ese niño estará entusiasmado por tener un campeón de katas en su gimnasio, aunque ese niño no tenga ninguna idea sobre el bunkai de la primera línea del kata Heian Shodan, y el padre de ese niño se sentirá muy orgulloso de que su hijo sea un campeón de katas, aunque la realidad, en la mayoría de los casos, sea que ese niño quizás no está aprendiendo a defenderse, que es el principal objetivo de la disciplina marcial del karate. Por tanto, en estos casos, la competición se convierte en una serie de movimientos, técnicas, posiciones y *kiais* con más o menos plasticidad, pero en realidad sin ninguna comprensión sobre sus aplicaciones.

Arriba, karate deportivo, con posiciones muy abiertas no aptas para un combate real.

Abajo, karate deportivo, pero con normas menos restrictivas. Gogen Yamagushi, gran maestro de Goju-ryu, efectuando una defensa en koken y un ataque de codo (hiji ate), prohibido en karate deportivo.

Karate tradicional, las técnicas se aplican con contactos muy reales

Karate tradicional

Karate deportivo, no válido para un combate callejero

Intercambio de técnicas establecidas (*yakusoku kumite*)

El *yakusoku kumite* son formas de combate en las que se trabaja por parejas con series de técnicas de defensa, ataque y contraataque preestablecidas de antemano. La palabra *yakusoku* significa 'cita o promesa', lo que obliga al atacante a ejecutar el ataque, defensa o contraataque que ha sido acordado. El *yakusoku* puede establecerse entre los dos karatecas en series más o menos prolongadas y sin ninguna limitación a la hora de aplicar las técnicas, o sea, que se pueden emplear todas las «armas» del cuerpo tanto en defensas como en ataques.

En nuestro dojo se entrena con mucha frecuencia el *yakusoku kumite*, pues considero que es una forma muy positiva de desarrollar infinidad de técnicas encadenadas y libres, donde los alumnos se encuentran muy cómodos y satisfechos, ya que dejan fluir la imaginación y trabajan a su propio criterio.

Ataques y defensas de manos abiertas (kaisho)

El autor practicando técnicas de manos abiertas (kaisho)

Indiscutiblemente y por razones obvias, los ataques de manos abiertas siempre tendrán menos eficacia que los puños cerrados, pero hay situaciones en que el empleo de mano abierta en ataque puede ser más resolutivo que el puño.

Personalmente, soy partidario de su uso y empleo con mucha frecuencia las técnicas de *kaisho*. Hay varios puntos en nuestra anatomía que son zonas vitales y que el puño tendría problemas para penetrar; sin embargo, un *shuto uchi*, un *haito*, o un *nukite* sí tendrían esa oportunidad. Un *shuto uchi* dirigido a la laringe o tráquea y dando en la diana puede resultar letal. Por tanto, un ataque de mano abierta puede ser un arma eficaz y muy temible.

Zonas para atacar con mano abierta pueden ser:

- **Laringe-tráquea:** órganos de nuestro aparato respiratorio de carácter cartilaginoso y membranoso que van hasta los bronquios y su función recae en que podamos inhalar y exhalar el aire que respiramos. Un golpe en estos órganos puede ser fatal para aquel que lo recibe.

- **Arterias carótidas:** son el principal suministro de sangre al cerebro. Un golpe eficaz y potente en la carótida obstruirá y dificultará el envío de oxígeno al cerebro, por lo que el individuo puede padecer un desmayo y llevarlo incluso a la muerte.

- **Ojos:** un golpe de puño dirigido al ojo difícilmente penetraría; en todo caso, dañaría el pómulo o la ceja. Sin embargo, si atacamos con *nihon* o *ippon nukite*, seguro que podríamos acarrear un gran daño.

- **Base de la nariz:** un ataque dirigido al vestíbulo nasal con la mano abierta en *teisho uchi* puede hacer un destrozo en esa zona, incluso hacer perder la noción al que lo recibe.

- **Costillas:** son huesos que protegen los pulmones y que facilitan la respiración. En general, sirven de protección a los órganos internos.

Un *shuto uchi* dirigido a las costillas cuando el atacante descubre esa zona al levantar sus brazos puede ser nefasto y terriblemente doloroso, dejando al que lo recibe imposibilitado para seguir combatiendo. Un ataque a las costillas se puede efectuar perfectamente con el puño, pero al tener las costillas unas intersecciones entre ellas es más fácil causar un gran daño con la mano abierta.

- **Genitales:** parte del cuerpo muy protegida. El ataque más apropiado y natural es golpear con *kin geri* (ataque *mae geri gedan* con el empeine dirigido a los genitales), pero si atacamos con *shuto gedan* a esa zona, conseguimos que esta técnica sea muy efectiva y origine mucho daño (ver aplicación, final kata Pinan).

Teisho al vestíbulo nasal   *Nukite a tráquea*   *Nihon nukite a ojos*

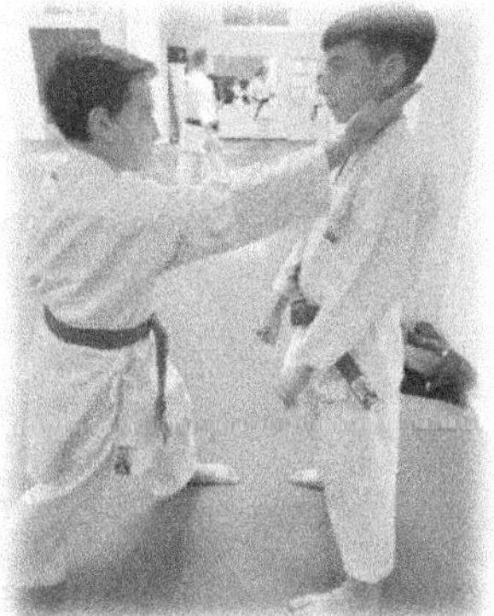 

Shuto uchi a carótida   *Kin geri a genitales*

En las defensas, las manos abiertas *(kaisho uke)* se prodigan mucho más que en los ataques, ya que el luchador se encuentra más cómodo con sus manos abiertas a la hora de defender cualquier agresión o ataque; de hecho, la mayoría de los ataques suelen defenderse con manos abiertas. Esta «conducta» en la realidad no sería la más correcta ni la más efectiva, pues no tiene la misma dureza defender con mano abierta que con puño cerrado, no es lo mismo defender con un *shuto* que defender con un *ude uke*, un *soto uke* o un *otoshi ude uke*. Aquí habría que aplicar la máxima de que una defensa debe ser tan fuerte que haga el mismo efecto que un ataque sobre un adversario. En cualquier combate, las técnicas defensivas no suelen hacer daño al adversario a no ser que podamos aplicar el apartado del *sen no sen*, que consiste en interceptar un ataque anticipándonos con una defensa poderosa o un ataque potente para obstruir la fuerza del oponente, de forma que la energía que trae su ataque se vuelva contra él. Esta «técnica» o forma del *sen no sen* solo está al alcance de muy pocos y se puede aplicar en contadas ocasiones y situaciones. Sería el sumun de cualquier luchador.

Tengo que reafirmar que soy un incondicional del *kaisho waza* y, de hecho, practico un trabajo (entrenamiento propio) al cual denomino como *ni-ju kaisho waza*, en el que trabajo veinte técnicas de manos abiertas de defensa y ataque como si realizara un kata, pasando por diferentes posiciones y con un embusen predeterminado.

Shuto uchi a las costillas

Shuto uchi a genitales

El brazo adelantado, el brazo atrasado. La pierna adelantada, la pierna atrasada.

Aunque anteriormente he hablado sobre el *kamae*, postura o guardia, quiero incidir en los beneficios y perjuicios que puede ocasionar tener nuestros brazos y piernas más atrasados o adelantados.

Por lo general, el brazo adelantado se suele usar en combate para abrir un camino —ya sea apartando la guardia del adversario o golpeando en *oi zuki (jabs)*— y así poder entrar con un golpe más potente y definitivo con tu mano fuerte. También lo utilizamos para interceptar un ataque lo más alejado de nuestro cuerpo o para lanzar alguna técnica en corto, y también para realizar cualquier amago con esa mano adelantada y atacar a continuación con la de atrás, que debe ser la «buena». El brazo atrasado —por lo general, el más potente— siempre lo tendremos reservado como el arma más eficaz, y estaremos a la espera de una oportunidad para aplicar un golpe efectivo y definitivo.

Brazo delantero, más débil, más rápido porque queda más cerca del objetivo.

Brazo de atrás, más fuerte, más lento porque queda más lejos del objetivo.

Con relación a las piernas, la adelantada se suele usar para frenar cualquier ataque o para realizar algún amago de barrido. Si el karateca tiene «buenas piernas», podrá lanzar patadas *(keris)* a diferentes niveles, pero sin demasiada contundencia; posiblemente, lo más conveniente pueda ser el ataque a la rodilla adelantada del adversario. La pierna atrasada sigue el mismo patrón que el brazo atrasado, pues es la más potente y con la que golpeamos con más garantías de alcanzar el objetivo. Una combinación clásica, rápida y efectiva de un diestro sería *giaku-zuki-chudan* de derecha, seguido de *mawashi geri yodan* de derecha. Brazo atrasado, fuerte y seguro, y pierna atrasada, fuerte y segura.

Como es natural y humano, toda regla o norma tiene su excepción, y estas máximas también la tienen. Anteriormente, en el apartado «La postura, la guardia *(kamae)*», he hecho alusión a ello.

Pierna delantera, más débil, más rápida   *Pierna trasera, más fuerte, más lenta*

Los barridos (*ashi barai o ukuri ashi barai*)

En karate, como en otras disciplinas marciales, en el apartado de kumite o combate, la parte inferior, o sea, las piernas se prodigan muy poco a la hora de poner en juego las técnicas de barrido. Los barridos o segados a las piernas del oponente están muy olvidados en la enseñanza de los estilos modernos y del karate deportivo. Las técnicas de barrido son originarias del combate cuerpo a cuerpo de Okinawa y son técnicas que se ponen en juego —muy poco— para intentar desestabilizar al oponente con el objetivo de derribarlo y terminar con un golpe determinante.

Especificando, tenemos por una parte el *ashi barai*, que significa barrer el pie delantero o el pie que avanza. Si golpeamos o barremos el pie delantero y este se encuentra apoyado en el suelo, tendremos que golpearlo con potencia y siempre buscando la parte más baja de su pierna. Por el contrario, si el pie del adversario se encuentra en movimiento y avanzando, este preciso momento será el más idóneo para emplear el *ashi barai* sobre esa pierna. En este barrido no tendremos que emplear demasiada fuerza, pues con un pequeño golpe de nuestra pierna podremos desestabilizar a nuestro oponente.

El *okuri ashi barai* es otra técnica de barrido, que se ejecuta sobre los dos pies de nuestro adversario. En esta coyuntura tendremos que penetrar en la guardia del oponente y plantar cara al cuerpo a cuerpo, ejerciendo una técnica de agarre sobre nuestro oponente, que dependerá de la posición en que nos encontremos, e intentando barrer las dos piernas del oponente para hacerlo caer.

Barrido a una pierna

Barrido a dos piernas

Barrido a una pierna. Honbu Dojo Torcal, Antequera

Características propias de nuestro estilo Itosu-ha. Nuestro trabajo

Todo nuestro trabajo está basado en preceptos del karate tradicional, por tanto seguimos lo más puntualmente posible todo aquello que nos legó el maestro Itosu y que hemos recibido a través de gente que han seguido la línea de Itosu. Hemos procurado retroceder y recoger todo lo que se ha quedado por el camino del verdadero karate y hemos desechado todo aquello que consideramos que no tiene cabida en una disciplina de combate tradicional y antiquísima. Nos centramos en las **diferentes formas de exponer los bunkais de los katas, en el trabajo duro de técnicas de kihon en todos sus perfiles, en el trabajo de las diferentes formas de kumite, procurando llevarlo a un combate lo más real posible atacando a todos los puntos vitales del cuerpo, y trabajamos el antiquísimo adiestramiento del Hojo Undo (ejercicios complementarios).**

Uno de los rasgos más particulares de nuestro estilo es el saludo de pie, posición *heisoku dachi* (pies juntos) y manos juntas y abiertas (izquierda sobre derecha), y una corta reverencia. Pero, en realidad, tengo que reconocer que no somos fanáticos del protocolo de cortesías. Nos alejamos de la competición, pues consideramos que nada tiene que ver con el karate tradicional y sus valores. Estamos abiertos a todo aquello que nos aporte algún elemento positivo dentro del karate tradicional. Somos cofundadores y miembros de la Federación Española Nihon Budo, inscrita y dependiente del Ministerio del Interior y que aglutina cuatro artes marciales: *ju-jutsu, nin-jutsu, kobudo* y *karate*. De esta manera, periódicamente organizamos cursos y seminarios donde caben las cuatro maneras de trabajar de cada uno de nuestros estilos y donde compartimos impresiones, juicios y sugerencias sobre futuras tareas a realizar.

Doshu senséi José Sosa Racero

Senséi Manuel Carrillo

Senséi Germán Flores

Senséi Luis Martín

Quizás los bunkais de los katas, junto con el kumite, sean lo más interesante de lo que opino sobre el karate, pero al mismo tiempo considero que el trabajo físico y los trabajos de kihon son componentes inseparables de las dos facetas anteriores. Otra de las características que nos identifican es la incansable búsqueda de otras formas y disciplinas marciales que puedan contribuir con su manera y forma de trabajo a incrementar nuestro amplio método y norma de karate y, en este caso, de combate. Desde que comenzamos esta nuestra naciente andadura, venimos invitando a reconocidos profesores y senséis de diferentes disciplinas marciales para que visiten nuestro Honbu Dojo de calle San Pedro de Antequera y expongan sus maneras y métodos de trabajo.

Nuestro dojo se ha convertido en un referente del karate tradicional en Andalucía. Hemos impartido clases de karate en todos los municipios de la comarca de Antequera y en la actualidad continuamos trabajando en la localidad de Mollina con un grupo de nuevos karatecas. En el apartado de alumnos cinturones negros, tenemos un equipo de cintos negros con una veteranía de decenas de años y con un nivel inmejorable.

En cuanto a las diferentes formas de ejercitar el kumite, hemos dotado al dojo de toda clase de utensilios para ejercitarnos en un entrenamiento adecuado a nuestras necesidades de un kumite próximo a la lucha real: sacos de pie, *makiwaras*, paos de varias dimensiones, cascos, petos, guantillas, gafas de protección para trabajos de *ippon nukite* y *nihon nukite*, espinilleras y otros, que están siempre a disposición de nuestros alumnos para poder ejercitarse en un kumite potente y de contacto sin riesgo de lesiones.

Kihon, que traducido significa 'base o fundamento' y que se atribuye al trabajo y práctica de las técnicas básicas y de movimientos y combinaciones, es un método de nuestro trabajo para la mejora de todas las técnicas y posiciones del karate. Principalmente, consiste en entrenar para predisponer el cuerpo con los ejercicios y las técnicas a base de repeticiones y secuencias, perfeccionando las múltiples técnicas que serán empleadas en combate y en katas. Todo esto se puede conseguir a través de una práctica firme y duradera. Todo el mundo reconoce lo que significan las técnicas de kihon, y cada uno tendrá su sistema particular de llevarlas a cabo. No obstante, nosotros hacemos hincapié en las repeticiones y la potencia de realización, combinaciones cortas y básicas de defensa y ataque, y encadenamientos basados en pasajes y líneas de los diferentes katas de nuestro estilo Itosu-ha.

En lo que se refiere a los bunkais, que significan 'desmontar para su análisis', tenemos gran persistencia en el trabajo de desgranar cada uno de los encadenamientos que componen el conjunto de un kata y hacemos un estudio exhaustivo de todas las posibilidades de aplicación de esas técnicas de defensa y ataque. No nos limitamos a analizar la aplicación básica, que en cualquier volumen de los cientos que se han publicado sobre la disciplina del karate suele hallarse; por el contrario, profundizamos e investigamos diferentes modos de aplicar las mismas técnicas y, por tanto, poseemos un gran arsenal de posibilidades de trabajo y adaptaciones de las distintas técnicas del kata a ejecutar.

En cuanto al trabajo de Hojo Undo (ejercicios complementarios), en estos momentos estamos trabajando sobre cuatro elementos antiguos okinawenses: ***nigiri–game***, jarras de sujeción para el fortalecimiento de los dedos, las manos y los antebrazos; ***chishi***, palanca con piedra pesada que se usa para fortalecer nuestros agarres y muñecas; ***makiwara***, poste de madera para golpear y fortalecer los nudillos, el golpeo del *shuto* y el *haito*, para fortalecer la base de la palma de la mano *(teisho)* e incluso los codos y, al mismo tiempo, golpear con patadas de *sokuto* y base de los dedos *(koshi)*, y ***kongoken***, peso metálico oval de 30–40 kilos. Se suele trabajar con un compañero. Se utiliza para fortalecer el cuerpo, en especial manos y brazos para desarrollar agarres poderosos.

Nigiri-game

Trabajo con jarrones. Honbu Dojo Torcal, Antequera

El autor trabajando con chishi

Trabajo en el saco de suelo

Golpeo en el makiwara

Trabajo con el kongoken. Luis Martín Portillo.
Fortalecimiento de brazos.
Fotos Honbu Dojo Torcal, Antequera.

Mis teorías y reflexiones sobre el karate como disciplina de defensa personal

Mi decisión de escribir este volumen se debe a la necesidad de plasmar en él la experiencia adquirida a través de un sinnúmero de años de práctica e investigación de este arte marcial, en los que he comprobado las controversias y polémicas que son temas de debates que se escriben y publican, unas veces por protagonistas facultados y otras veces por personajes que no tienen la más remota idea y que se alzan como falsos gurús de las artes marciales dando explicaciones en Internet de técnicas superconocidas y primarias —desde la cocina o el lavadero de su casa—. Es muy posible que algunos de estos variopintos personajes, por el hecho de tener desarrolladas ciertas facultades físicas y ejecutar las diferentes técnicas de karate con desenvoltura y maña, se imaginen los mesías del karate y se lancen a exhibirse y a escribir, dejando por sentado que lo que dicen va a misa y acumulando un ego que solo tiene cabida en el arca de Noé, pero en definitiva, no tienen la capacidad de transmitir nada. Solo algunos ingenuos aplauden lo que escriben y dicen estos «gurús» ególatras y sátrapas.

En este manual no he querido exponer ni desarrollar grandes dogmas, solo he querido concretar una realidad que suele darse con mucha frecuencia y que son errores y falsos conceptos, que por lo visto muchos no ven —o no quieren ver—. En infinidad de eventos, demostraciones, exámenes o entrenamientos he visto realizar técnicas, katas, *jyu kumite*, *ippon kumite*, *sanbon kumite*, etc., o sea, todos los «palos» que se tocan en esta disciplina, y que no se adaptan a la realidad de lo que sería una lucha real. Ejemplos:

a) El *uke* sujeta la mano del *tori* en actitud amenazante. El *tori* responde con una llave intentando girar y dislocar la articulación de la muñeca o el codo para así liberarse del agarre; esto sería un error del *tori*, cosa que suelen hacer muchos karatecas y «maestros y profesores» de distintas disciplinas. La estrategia más lógica y efectiva es responder con un *atemi* antes de intentar algún movimiento de escape. Como norma general, te aconsejo que apliques un *atemi* ante cualquier agarre; si no, lo llevarás claro.

b) Tenemos a un «profesor» explicando y aplicando una técnica o una serie de técnicas. El *uke* está en posición *zenkutsu* con un *gedan uke* muy correcto; el *tori* está en *heiko dachi* esperando el ataque. El *uke* inicia su acometida con *oi zuki* cayendo en *zenkutsu* y manteniendo la posición y el *zuki*. El profesor se desplaza desviando el ataque *oi zuki* e iniciando y aplicando sobre el *uke* una serie de técnicas. Mientras tanto, el *uke* sigue impasible con su *zenkutsu* y su *oi zuki* sin poder defenderse porque el protocolo de estos «profesores» no se lo permite. ¡Señores, esa manera de trabajar no es real!, ¡lo estamos haciendo mal! Pues miren, una de las federaciones españolas de karate más importante sigue trabajando así en los exámenes de grados.

c) El bunkai kumite de un kata significa la aplicación práctica de las técnicas del propio kata.

Un karateca se dispone a realizar el bunkai del kata que acaba de realizar acompañado de su *uke*, y realizan el bunkai copiando exactamente todas las técnicas y posiciones del kata: *zenkutsus, nekos ashi, kokutsu dachis.* ¡Esto no es la aplicación práctica del kata ni por asomo! Pues miren, así se sigue trabajando en los exámenes de grado de algunas federaciones.

Todos estos anacronismos, como tantos muchos que pudiera presentar en este volumen, siguen realizándose sin ningún estudio serio que modifique estas formas erróneas de trabajar.

Esta forma de trabajo tan robotizada no es correcta ni tiene nada que ver con un ataque real, son ataques preestablecidos que no aportan nada. Los contendientes deben estar en posiciones de *kamaes* de guardia estables. Un *zenkutsu dachi* no es estable, y un *heiko dachi* tampoco es estable. Hay que trabajar de forma más real.

Muy pocos profesores trabajan de una forma heterodoxa y más real, que se acerque lo más posible al escenario de una reyerta o lucha en la calle. La mayoría de ellos siguen unas directrices anticuadas y dogmáticas y no son capaces o no saben cómo romper con esos dogmas establecidos por gente sin mucho sentido de la realidad de lo que puede ser una pelea peligrosa fuera del dojo.

Los bunkais

Los bunkais son la parte más importante de un kata, porque en ellos se proyectan y practican todas las técnicas de ataque y defensa que se realizan en el propio kata. El bunkai, por norma general, se realiza con un compañero y se estudian todas las posibilidades que puedan existir, para así aplicarlas metódica y repetitivamente hasta conseguir un gran nivel en el conocimiento del kata.

Como es lógico, un encadenamiento, fase o línea de un kata debe tener varias aplicaciones, y de hecho las tiene. Sin embargo, y por regla general, una gran diversidad de profesores (senséis) suelen aplicar y explicar una sola, con lo que dan a entender que tienen poco recorrido técnico.

Cuando explico el bunkai de un kata, en cada línea o encadenamiento *(renzoku waza)* utilizo y adapto diferentes maneras de aplicar las técnicas para alcanzar el mismo propósito y objetivo. De esta manera el estudio es mucho más profundo y diverso, así el alumno tiene más opciones y su aprendizaje será mucho más amplio con un gran abanico de posibilidades.

Reitero, algunos indicarán que soy un contestatario vehemente y crítico, que polemizo y protesto. Pero al mismo tiempo soy honrado, manifiesto lo que pienso, razonado y estudiado durante decenas de años, y casi siempre tengo la razón de mi lado.

Los bunkais deben ser sencillos, naturales y legibles, o sea, aplicando técnicas directas, efectivas y fáciles de realizar. Una vez dicho esto, vuelvo a exponer y criticar como cosa negativa para el karate los bunkais que se exhiben en los campeonatos del mundo y en las grandes competiciones.

Todos aquellos que de verdad entienden de esto habrán comprobado las exhibiciones tipo «Circo del Sol» que realizan los diferentes equipos participantes en grandes eventos, como piruetas mortales, giros imposibles, caídas espectaculares, patadas dobles y triples, volteos y ficciones de luxaciones, propias de un circo. Yo me pregunto: ¿hacia qué público o para qué alumnos van dirigidos estos alardes tan aparatosos? ¿Qué se pretende al hacer estos bunkais, si el 90 % de los alumnos de karate por razones obvias no podrán realizar todos estos ejercicios tan sofisticados?

Señores, el karate es más serio y más simple, y su didáctica también debe ser más sencilla.

Según mis razonamientos, toda esta manera errónea de proceder pone esta disciplina marcial en entredicho, porque algunos «entendidos» están alejando el karate de sus verdaderas raíces y objetivos.

Nage waza y kansetsu waza

La proyección o abatimiento *(nage waza)* es una serie de técnicas de agarre dentro de las artes marciales que pretende proyectar al adversario al suelo mediante un agarre y posterior técnica.

En nuestro estilo Itosu-ha trabajamos técnicas de proyección que quedan dentro de nuestros katas y otras técnicas que, aunque no estén presentes en los katas, son muy interesantes y se acercan a nuestro procedimiento de interpretar el karate tradicional.

La luxación o llave *(kansetsu waza)* es un conjunto de técnicas de agarre cuya finalidad es generar la luxación de cualquier articulación del oponente. En combate se usa para controlar o fracturar al adversario mediante una torsión o palanca sobre una articulación, excediendo los límites de extensión o retracción de la misma para causar su fractura.

Nage waza

A la par que el *nage waza*, tenemos que el *kansetsu waza* se practica en Itosu-ha, y siempre realizando las técnicas que quedan incorporadas en nuestros katas, como *te kakiwake uke, tsukami uke, te kosha uke, te wa uke, te doji uke, tekubi kake uke-teisho uchi* y otros.

En combate, si llegamos a un cuerpo a cuerpo y estamos bregando y forcejeando para poder someter, vencer o anular el agarre de nuestro adversario, tendremos varias opciones. En este caso, si es realizable, proyectar a nuestro oponente y luego atacar a las articulaciones e intentar luxarlas.

En el caso del *kansetsu waza* habría que tener en cuenta la envergadura del adversario, pues si el peso de nuestro oponente es muy superior al nuestro, difícilmente podríamos aplicar una luxación, habría que emplear de antemano un *atemi* muy potente a una parte vital, para así realizar a continuación una llave adecuada.

Kansetsu waza

El karate de Itosu-ha y los niños

En principio, quiero destacar que en nuestro estilo y en nuestra Asociación Karate Jutsu solo admitimos a niños a partir de los cinco años y medio, porque consideramos que un niño con dos, tres o cuatro años no está preparado para comprender nada —excepto excepciones— sobre esta disciplina y arte marcial tan complejo. Un niño con la edad de tres años, por lo general, no sabe dónde se encuentra su mano o pierna izquierda o derecha, su coordinación suele ser muy escasa y su distracción suele ser completa. Por tanto, es absurdo hacer que ese niño comience una disciplina como el karate a tan temprana edad. A esa edad solo quiere jugar, y hay juegos que son más simples y menos dificultosos. Y no me vengan a decir que se les puede hacer trabajar con juegos aplicados y afines a las formas del karate, porque eso así no funciona. Por muchas ganas que un padre o una madre tenga de que su hijo/a practique karate, le aconsejo que lo deje para más adelante y que lo inscriba rondando los seis años.

Aunque hay algunos profesores que comentan estar asesorados por psicólogos y pediatras afamados que opinan que un niño puede recibir clases de karate a la edad de dos, tres y cuatro años porque puede ser beneficioso por tal o cual motivo, también hay psicólogos y pediatras que aconsejan todo lo contrario. No voy a entrar en erudiciones e instrucciones y conferencias sobre las razones y el porqué de mi negativa al karate infantil en edades tempranas; ya existen miles de escritos y opiniones a favor y en contra. Mi opinión es que el llamado «baby karate» o «prekarate» es un invento para sacar dinero.

Pequeñito con su kimono (karategui), su cinto negro, sus tres añitos y su carita de no saber lo que están haciendo con él. ¿De verdad ustedes creen que con esta edad se puede aprender o enseñar algo de karate?

Una madre estadounidense, instructora de karate con dojo propio, pediatra y especializada en psicología infantil documentaba un artículo muy interesante sobre el polémico «baby karate» y el «prekarate». Resumiendo decía: «Jamás llevaría a mis hijos a un dojo con edades de dos, tres o cuatro años para intentar enseñarles karate, y si algún día los llevara, sería para que se revuelquen y se ensucien a su albedrío, por ser mi dojo un espacio amplio donde no hay peligro de lesiones. La edad idónea para que comiencen con esta disciplina marcial del karate sería los seis años».

ESCRITO DE UNA DE LAS MILES DE ESCUELAS DE KARATE QUE NO ESTÁN DE ACUERDO CON ESAS CLASES DE BABY KARATE Y SUS ARGUMENTOS BASADOS EN REALIDADES:

El karate como tal requiere del uso frecuente de las articulaciones y osamenta, que a edades tempranas aún están en pleno desarrollo. La maduración ósea se presenta a lo largo de la vida del niño y adolescente y tenemos que ser conscientes de que el Karate-do, como arte marcial, hace uso —más que en otras disciplinas— de los puños, codos, rodillas, talones y manos. Es por ello que impartir karate como tal a niños menores de cinco o seis años puede ser contraproducente para su desarrollo óseo.

Las clases de baby karate usualmente se enfocan en motricidad, coordinación, disciplina, pero la experiencia nos ha dicho que es mucho mejor iniciarlas cuando el niño comprenda normas y reglas en casa y escuela, cuando pueda permanecer sin ansiedad por separación de sus padres, cuando deje de utilizar pañales y pueda ir al baño solo y no se pase la clase de karate necesitando asistencia.

Si el niño pequeño quiere hacer karate porque los padres le han mostrado esta disciplina marcial, una buena preparación en casa es lograr que sea ordenado y cuidadoso con sus cosas, en su habitación, con su ropa y juguetes.

Hay niños a los que inscriben sus padres con cuatro años —y antes— que aún no saben lo más elemental en disciplina y educación, como decir gracias, con permiso, por favor… Niños que aún no comparten o no esperan turnos, niños que no pueden estar diez segundos quietos. Todo esto hay que iniciarlo en casa.

Los profesores de karate podemos ser un apoyo para los padres, pero no podemos hacer todo el trabajo. Esperad un poco y, durante esa espera, moldead al niño para ser un excelente karateca o cualquier otra cosa… Paciencia, papás, y mucho ojo, porque los niños requieren de motivación constante e ingresar a una escuela puede ser bastante caro para los padres, si es que la escuela se aprovecha de mala manera de esta necesidad de los niños —mejor dicho, de los padres—.

En ciertos deportes como este, un pequeño de corta edad sí puede instruirse en el esquí, porque no tiene que memorizar nada, solo deslizarse acompañado y dirigido por sus padres o algún monitor; de hecho, hay niños de tres años que saben esquiar.

Es curioso y significativo, porque observo que todos aquellos profesores que defienden el «baby karate» son dueños de dojos, y claro, a más niños, más dinero. Por otro lado, solo les escucho hablar y escribir sobre motricidad, disciplina, juegos y valores fundamentales del deporte, pero no hablan de aprender karate, porque a esas edades es imposible inculcar una disciplina marcial como el karate, ni ninguna otra disciplina marcial.

Al parecer, algunos todavía no saben o no se han enterado del significado de la palabra *marcial*: guerrero, castrense, militar, belicoso. Esta disciplina es muy seria para introducir a un niño de tres o cuatro años en esta dinámica, ya sea jugando o sin jugar. **Seamos responsables.**

En otro apartado leí: «Según los expertos, se puede empezar a practicar karate a partir de los tres años; sin embargo, si la preferencia es otro tipo de modalidad, se recomienda esperar hasta los cinco años». Yo quisiera conocer a esos expertos. O sea, en otra modalidad, estas personas recomiendan esperar hasta los cinco años y, sin embargo, para practicar karate, que es una disciplina marcial muy técnica y muy rigurosa, sí se puede comenzar a los tres años. No entiendo nada de esta gente que escribe estas cosas tan incongruentes y sin sentido.

Esto me da a entender que en esta disciplina, en la cual llevo en torno a cincuenta años y que yo creía de honor, honradez, sin mentiras y de dignidad, hay gente sin muchos escrúpulos —no todos, pues la mayoría es gente muy honrada y profesional— que fantasea, traiciona, piratea y falsifica con tal de conseguir algunos miserables y pingües beneficios o alguna consideración personal.

Acercándome a los ochenta años y habiendo sudado y batallado con cientos y cientos de niños, sé perfectamente cómo actúan y se comportan. Al niño que se inscribe en un deporte hay que enseñarle a avanzar en ese deporte, y si lo inscribes a clases de karate será para que aprenda karate, y no a jugar. Es muy bonito y a lo mejor muy estimulante para un padre o una madre ver a su hijo de dos, tres o cuatro años vestido con un karategui y un casco dando golpes a un pao o a un pequeño saco, pero ese niño, hasta que no adquiera una mediana madurez de edad —en torno a los seis años—, solo estará aprendiendo a pegar porrazos y patadas sin ton ni son.

Tengo una anécdota verídica y muy clara sobre este tema. Hace unos años quise ensayar y experimentar entrenar a un grupo reducido de niños de tres y cuatro años. Al cabo de unos meses se iban dando de baja porque a esos niños de edades tan cortas hay que prestarles demasiada atención y casi una dedicación exclusiva e individual, y eso no es posible ante un grupo uniforme. Ellos lo que quieren es jugar, y ni un minuto de disciplina ni de karate. «¡Quiero hacer pipí!» (a lo mejor ya se lo ha hecho y está llorando), «¡quiero agua!», «¡quiero a mi mamá!», «¡quiero irme!», «¡estoy cansado!»… No te hacen ni puñetero caso. Pero es curioso, porque aquello se me quedó clavado en mi mente. Uno de aquellos pequeños de cuatro años, en una de las clases donde los trataba casi todo el tiempo jugando y solo les daba diez minutos como mucho de karate real, se dirigió hacia mí y me dijo con mucho desparpajo: «Profe, ¿cuándo vamos a hacer karate? Siempre estamos jugando». Me quedé de piedra. Ese pequeño seguro que tenía un nivel intelectual superior al grupo y a su edad.

Edades de seis a siete años son las idóneas para que un pequeño comience con el karate. Foto de nuestro Honbu Dojo de Antequera.

Estas clases ideadas de «prekarate» o «baby karate», siento decirlo, pero este es mi pensamiento y el de muchos, están de moda porque hay gente que no sabe lo que inventar para sacar provecho a cualquier precio. **Un dojo con letras mayúsculas no es una guardería.**

Quizás soy demasiado áspero y duro, pero después de tantos años de experiencia y de enseñanza con pequeños tengo que subrayar que el karate no es para niños de tres ni cuatro años, porque estos niños, por lo general, saldrán rápido del karate y jamás volverán, aunque haya excepciones…

Lo que sí quiero es avisar a los padres y madres de estos pequeños para que se informen en profundidad sobre en manos de quién ponen a sus hijos, por muy pomposas que sean las siglas del dojo o club en que deseen inscribirlos. Según mi criterio, y llevo décadas en esto de las clases de karate para niños, en nuestro dojo procedemos con estos pequeños de seis años como si tuviesen una edad superior, con algunas excepciones. De esta manera, los pequeños se consideran importantes y se comportan con mucha más responsabilidad, seriedad y disciplina. Una cosa es pegarle patadas a un balón y otra es aprender las técnicas de ataque y defensa del karate a tan corta edad.

Recuerdo cuando tenía quince o dieciséis años, que a veces salía a correr durante una hora por las calles de mi barrio, con mi pantalón corto y mis pobres deportivas. Por entonces era rarísimo ver a nadie corriendo por la calle en plan deportivo, la gente me miraba con escepticismo y algunos se detenían y comentaban: «Mira el tonto ese, con el frío que hace y en pantalones cortos…».

Con ello quiero remarcar que en aquellos tiempos el deporte no se valoraba, pero los tiempos han cambiado, y mucho. Después de sesenta y seis años practicando deporte, ahora y desde hace unos años se ha puesto de moda, porque esta sociedad se ha dado cuenta de que practicando algún deporte se obtienen muchos beneficios físicos y éticos.

Hoy día el deporte hay que sufragarlo y remunerarlo, pues hay profesionales y estudiosos experimentados que han hecho de él su medio o forma de vida. Pero también existen profesionales nada profesionales que embaucan o inventan y falsean, improvisando y copiando para engrosar sus bolsillos, y demasiadas veces afectando negativamente a los alumnos. Como he dicho anteriormente, el karate no se libra de esta lacra.

El error está en confundir el karate con un deporte, y a ver si nos vamos enterando de una vez por todas: **el karate de autenticidad o tradicional no es ningún deporte, es una disciplina marcial de combate (arte marcial) en toda su amplitud.** Y me reitero una vez más, el karate llevado a la competición no es karate, es otra cosa. A veces leo algunos artículos y hay cientos de profesores, senséis y maestros que están en mi trayectoria, pero me da la sensación de que no quieren pisar este charco con la intensidad y vehemencia que lo hago yo en este libro.

Desgraciadamente, en la actualidad cuando se habla de deporte, se habla de dinero. Antiguamente, el deporte no daba dinero e incluso era una actividad sin mucho tirón y de poco interés, pero hoy día, que nuestra sociedad ha evolucionado hacia una vertiente de ocio y recreo, una de las actividades más populares del tiempo en que vivimos es el deporte. Como es lógico, el karate, que es practicado en todo el mundo, no se ha salvado de ese proceso evolutivo, quedando en muchas ocasiones dentro de la especulación y también en manos de falsos profesionales.

Los autores tiempo atrás. Padre e hijo practicando técnicas de combate.

El karate y la mujer

Mujeres de karate tradicional. Foto de nuestro Honbu Dojo

Es claro y evidente que el karate nos aporta múltiples beneficios físicos y mentales a la hora de su práctica, y la mujer no podía quedar excluida de esta disciplina, por lo que irrumpió en este campo con una fuerza contundente. Cada día son más las mujeres que se incorporan a la práctica del karate y las artes marciales por los beneficios que aportan a este colectivo.

Aparte de ser una disciplina con un alto contenido de trabajo físico y autodefensivo, en el que intervienen y se adquieren factores como potencia, velocidad, dureza y un gran nivel de elasticidad y coordinación, características de aquellos que practican karate, existen en esta disciplina marcial otros y variados factores aún más importantes que los anteriores y que se ubican en la parte interna y moral de las personas.

Las características más peculiares de la mujer y también del hombre que se decide a emprender el largo y duro camino del karate suelen ser la voluntad, fortaleza, decisión, valentía, disciplina y poder de sacrificio. La falta de una de estas actitudes inmateriales en el karateca, ya sea mujer u hombre, les conducirá a difuminarse a través del tiempo, llegando a abandonar la práctica del karate. Solo aquellos que mantienen intactas estas cualidades llegarán a entender la verdadera esencia de este arte marcial. No hay que olvidar que una de las facetas más importantes y que puede ser de una gran utilidad para la mujer es el apartado del karate como método de defensa personal y aumento de la autoestima. De esta manera, la mujer aprenderá y se adiestrará en el combate, adquiriendo técnicas de defensa y contraataque, las cuales las dotará de una seguridad en sí mismas aprovechable para enfrentarse a cualquier situación de riesgo que peligre su integridad física.

Algunas aún pueden figurarse —aunque imagino que estas tendencias ya pasaron— que practicar un deporte de combate o la defensa personal les puede restar algo de feminidad, y están en un gran error. Hoy día vemos a la mujer incorporada a toda clase de deportes sin ningún problema ni tabú. La mujer que practica la disciplina del karate, al mismo tiempo, moldea su cuerpo proporcionalmente hasta límites insólitos. En estos últimos tiempos, por desgracia, estamos asistiendo a una avalancha de violencia de género, siendo la mujer la que sufre con más virulencia esta barbarie; por lo tanto, la práctica del karate como disciplina de defensa personal está más que justificada.

Reflexión: la mayoría de los deportes nos proporcionan dos satisfacciones, la propia ejecución y participación en el juego o deporte y la ganancia de una buena forma física; sin embargo, con la práctica del karate llegamos más lejos, pues además de las dos satisfacciones que he descrito, tenemos otra satisfacción más, **el karate nos ofrece algo mucho más positivo y útil, que es saber defenderse ante una agresión física.**

Mujeres con más de veinte y treinta años en la práctica del karate tradicional. Honbu Dojo Torcal, Antequera.

El karate en familia

A veces, hay momentos y etapas en nuestra vida en que deseamos realizar, practicar o estudiar alguna cosa que nos apetecería, pero por diferentes circunstancias no hemos tenido ocasión de acceder a ello.

En el caso que nos ocupa, hay padres o madres que pretenden que sus hijos que ya tienen alrededor de los seis años practiquen karate, pero debido a esas situaciones en que los días y horarios no coinciden, no pueden llevar a los niños al dojo y no pueden acceder a esas clases de karate.

Clases de karate tradicional en familia

En nuestro dojo hemos inaugurado una modalidad que denominamos «karate en familia», que consiste en que los padres pueden hacer las clases junto a sus hijos. Estas clases tienen dos objetivos: agrupar a padres e hijos en una misma clase en horarios adecuados para ambos y ayudar a incorporar al karate a aquellos niños que quizás se sientan un poco tímidos o cohibidos para que, al entrenar junto a sus padres, vayan adaptándose y modificando su carácter hacia una actitud más abierta y expresiva.

Hasta el momento, estas clases de karate en familia están funcionando de manera muy positiva, y padres e hijos se han adaptado a este recurso de entrenamiento sin ningún problema, pues las clases son amenas y a pesar de tener a sus padres en la misma clase se comportan con una gran disciplina y atención. Por otra parte, estos mismos padres nos alivian parte de nuestro laborioso trabajo. Esperamos ir incrementando el número de alumnos y grupos de familias.

Y quiero ir finalizando este volumen, donde desnudo algunos temas que, al parecer, nadie ha divulgado en su cruda realidad y en el cual expongo y denuncio incógnitas, fábulas, errores y falacias sobre el karate, reiterando las palabras de Gichin Funakoshi que he expuesto al principio…

Como no existe material escrito sobre los orígenes del karate, no podemos saber cómo se inventó, se desarrolló y ni siquiera de dónde es originario. Solo conocemos algo de sus comienzos a través de leyendas orales que, como tales, están llenas de inexactitudes y fantasías.

Gichin Funakoshi

Generalizando y llegando al final

La disciplina marcial del karate no es un método de combate selectivo a nivel físico y de longevidad, pues no es necesario disfrutar de puntuales características físicas, como puede ocurrir en taekwondo, que suele ser para gente muy flexible y de complexión estilizada, debido a que su arma característica son las piernas, o judo, que debido a su trabajo de proyecciones y caídas contundentes, no es quizás lo más recomendable para personas de edad avanzada.

La disciplina del karate, como la del boxeo, está al alcance de todos y todas y a cualquier edad. Siempre que la condición física sea razonable, toda persona puede practicar karate, pues no es fundamental poseer grandes facultades físicas para poder aplicar un *kin geri* y un *giaku zuki* a la cara. Por tanto, partiendo de este análisis, la práctica del karate se puede prolongar durante muchos años y a edades avanzadas sin perder cierta efectividad.

Sea como sea y venga de donde venga, doy las gracias por haber aparecido en cualquier lugar del mundo, pues nos ha dado a conocer una disciplina marcial de combate llena de un caudal de técnicas de defensa y ataque fascinantes que ha llenado casi todas las etapas de mi vida.

Cualquier edad es buena para entrenar karate tradicional

EL TENER LICENCIA DE LA FEK O SER JUEZ DEL TRI-BUNAL DE GRADOS DE LA MISMA NO TE DA PATENTE DE CORSO PARA TENER UN BUEN NIVEL TÉCNICO NI HUMANO, NI TAMPOCO PARA DESPRECIAR A OTRAS FEDERACIONES, PUES EN LA FEK Y EN LA ARAGONESA TAMBIÉN EXISTE GENTE CON NIVELES BAJÍSIMOS.

A esta obra, que ya la tenía acabada y a punto de cocinarla en los talleres de la editorial, le he tenido que incorporar un artículo que he analizado a última hora y que no me quedo con las ganas de rebatirlo por la serie de hipocresías y martingalas que se vierten en él. La gacetilla en cuestión está escrita a través de Internet por la Federación Aragonesa de Karate (lleva su logotipo), y su título es: **«¿Por qué estar federado?»**.

No sé quién ha pretendido crear un homenaje de sapiencia de leguleyo, o quién le ha dado el visado o refrendo para escribir ese artículo plagado de desaciertos, porque nadie firma al final del artículo, pero si ha sido la propia Federación o con su autorización, me merece muy poco respeto y la califico de poca categoría.

Refuto e impugno a la Federación Aragonesa de Karate o al que ha garrapateado ese libelo, y a todos los que alienten esos alegatos que se vierten en esa gacetilla.

¿De verdad ustedes creen que solo existe una federación que imparte karate en nuestro país y que es la FEK con sus autonómicas y la Aragonesa, y que estas son las únicas, las mejores y las infalibles? ¡Error! En nuestro país existen muchas federaciones que imparten Karate, aquí les dejo algunas de ellas: Federación de Artes Marciales Tradicionales, Federación Española de Artes Marciales y Deportes de Contacto, Proyecto Real Federación Española de Artes Marciales Diversas, Federación de Artes Marciales Mixtas, Federación Internacional de Artes Marciales Unidas, Federación Española Nihon Budo y otras muchas más. Todas estas federaciones están inscritas, reconocidas y legitimadas a través del Ministerio del Interior.

Tengo en mi haber más de 45 licencias anuales de la Real Federación Española de Karate. Practico karate desde mucho antes que naciera la Real Federación Española de Karate en 1978, su Federación Aragonesa de Karate y la Federación Andaluza de Karate. ¿Y saben ustedes para qué nos han servido a mí y a mis alumnos tantas licencias? ¡¡PARA NADA!! Porque no comulgo con la competición, y la FEK y la Federación Aragonesa están hechas y dedicadas exclusivamente para el karate de competición y también para que algunos tengan su sueldo o remuneración.

Dicen ustedes que «si no te federas, no puedes examinarte de ningún grado (será en vuestra federación); ni puedes, por tanto, llevar un cinturón de color atando tu *karategui* (el cinto *[obi]* no es para atarse el *karategui*, sino para medir el nivel del karateca, a veces, mediante el sistema de colores); y, por tanto, no tienes ninguna opción para alcanzar el cinturón negro (será en vuestra federación)».

Reiteran ustedes que si en un club, colegio o centro deportivo te sometes a un examen de grado o *kyu,* por muy bajo que sea el grado a que aspiras, y no estas federado, es decir, no cuentas con tu tarjeta federativa con la que acredites pertenecer a la Federación Aragonesa de Karate y D. A., tu examen es <u>FALSO</u>. Será en vuestra federación. Aquí sí que habéis perdido la brújula por ignorantes. ¿Qué pasa? ¿Que si el maestro Choyu Hentona o Fumio Demura o Yasushi Kuno o Kanazawa o Nakahashi o Kenei Mabuni o Luis Martín Ruiz, aunque solo me considero un modesto instructor de karate, te examinan y te entregan el cinturón correspondiente, ese cinto no es válido? Será en vuestra federación). Esto sería recíproco, pues los cintos de vuestra federación no serían válidos en la nuestra. Me agradaría comprobar el nivel técnico de los jueces del Tribunal de Grados de la Aragonesa. Por favor, seamos generosos, lógicos y razonables.

En nuestra Asociación Nacional Karate Jutsu y en nuestra Federación Nacional Nihon Budo todos los alumnos están legitimados EN NUESTRA FEDERACIÓN y tienen su tarjeta correspondiente, con sus grados obtenidos que acreditan pertenecen a NUESTRA FEDERACIÓN y constan en los registros de nuestra Asociación Nacional y en NUESTRA FEDERACION NACIONAL. Y, por supuesto, tienen todos los seguros habidos y por haber.

Y proseguís diciendo: «Para hacer un examen de grado hay que estar OBLIGATORIAMENTE FEDERADO, ya que el examen de grado es un examen OFICIAL, que únicamente pueden realizar profesores titulados y federados a su vez, que son los únicos que cuentan con el refrendo de la Federación Aragonesa de Karate y D. A. para otorgar los grados y cinturones (en vuestra federación)». En nuestra Asociación Nacional Karate Jutsu y nuestra Federación Nacional Nihon Budo, nuestros alumnos se examinan ante un tribunal tan competente, o más, que otros tribunales oficiales de los que ustedes hablan, federados en NUESTRA FEDERACION. ¿Qué me van a contar ustedes de los tribunales de grados de la FEK? Los hay excelentes y deplorables, como los hay también en la Aragonesa. Ya les puedo decir, y si quieren pueden imaginar la experiencia que acumulo después de varias décadas presentando alumnos ante el Tribunal de Grados de la Federación Andaluza, Madrileña y Murciana. Y ahora termino con una incuestionable materia y la correspondiente pregunta. ¿Me podrían decir alguno de los miembros del Tribunal de Grados de la Aragonesa cuáles son las características técnicas y el trabajo global de la escuela y el estilo de ANKO ITOSU, que es el que nosotros y mi asociación practicamos? Seguro que no tienen ni puñetera idea. Pues si ese tribunal de la Federación del que habláis no tiene conocimientos sobre el trabajo del estilo ITOSU HA, ¿cómo podría examinar a un alumno que practicara ese estilo? Que sigan estudiando esos de vuestros tribunales. Pero no os preocupéis, que no sois los únicos en desconocimiento, pues ya me aconteció en varias ocasiones con la Andaluza.

Es increíble la frivolidad y el ego con que hablan de exámenes oficiales y de profesores titulados, que, al parecer, son los únicos que pueden otorgar cinturones, grados y otros beneficios, dejando a un lado lo que se presupone es parte del karate, la humildad, la sencillez, la modestia y el respeto hacia los cientos y cientos de karatecas que no quieren pertenecer a esa Federación Aragonesa. ¡¡Queridos karatekas que entrenáis en algún modesto *dojo* de la Comunidad Aragonesa, que trabajáis duro y con tenacidad, pero que no ambicionáis afiliaros a la Federación Aragonesa de Karate, ya sabéis que vuestros cintos no valen para nada, que son FALSOS y que el profesor o *sensei* que os lo otorgó no está capacitado para examinaros, por lo que, al parecer, ese profesor o profesores de vuestro *dojo* os han engañado porque no tienen nivel, ni categoría, ni cuentan con el refrendo del monopolio que es la Federación Aragonesa de Karate para poder daros nada de nada!!

Y para terminar ya he comprobado el nivel técnico del Tribunal de Grados de esa Federación, que, según la categoría de ese artículo que han publicado, así será el nivel técnico. Y como siempre digo cuando escribo, a todo aquel que se sienta ofendido o «cabreado» por mis afirmaciones, análisis y comentarios, le ruego que no polemice ni se altere, ni inicie un debate a través de las redes, sino que lo haga visitando nuestro *dojo* o invitándome al suyo, y así podremos lidiar sobre cualquier cuestión de este libro y sobre mis fustigantes comentarios.

Finalizando...

Quiero denunciar que dentro de esta disciplina castrense del karate con mayúsculas, considerada una disciplina en la que, se supone, existen unas normas éticas incorruptas y honestas, de valores como la camaradería, la lealtad, la disciplina y la honestidad, también existen y se pasean las traiciones, las deslealtades, las malas prácticas y las puñaladas traperas, evidenciadas por lo general por personajes sin una gran calidad técnica ni moral y que a veces no tienen ningún escrúpulo en traicionar a aquellos que les han educado en la práctica del karate y que les han rendido su incondicional amistad. Considero que la lealtad y la amistad deben ser unos de los valores más esenciales del ser humano y, por supuesto, de un karateca, pero quizás para algunos esos valores están caducos o no saben qué significan.

Digo esto para que no crean que todo lo que reluce es oro, porque dentro del karate y en las artes marciales existen manzanas podridas que el noventa por ciento de las veces se corrompen a causa del ego, el yo, la envidia y la apetencia. Lo he sufrido en mis propias carnes, pero tengo la suficiente experiencia y edad para digerir esos escenarios y comprobar desde lejos que estos personajes se diluyen en corto tiempo en la nada, porque en realidad no son nada.

Recuerdos

*Foto de 1974, Luis Martín Portillo con cinco años.
Dojo Karate Club Málaga (Goju-ryu), hace cuarenta y ocho años.*

*Luis hijo y Luis padre, entrenando en el Dojo Kuro Obi
de calle San Juan Bosco de Málaga.*

Luis Martín Portillo, con seis, siete u ocho años. Fotos de hace unos cuarenta y seis años. Mawashi yodan. Kumite. Yoko geri yodan. Mae geri yodan. Giaku zuki en la playa.

Índice